Phuket

Klaudia und Eberhard Homann

MERIAN-TopTen

Höhepunkte, die Sie unbedingt sehen sollten

1. **Songkran-Fest**
Bei diesem Fest ist ganz Thailand auf den Beinen. Zum festen Ritual gehört das Nassspritzen der anderen (→ S. 23).

2. **Bang Tao Beach**
Eine der schönsten Buchten der Insel mit den besten Hotels liegt etwas abseits des Rummels (→ S. 27, 41).

3. **Surin Beach**
Einer der ruhigsten Strände, der nach Norden in den kleinen, aber sehr feinen Pansea Beach übergeht (→ S. 27, 49).

4. **Aquarium in Laem Panwa**
Hier erlebt man die ganze Faszination tropischer Korallenriffe hautnah, ohne dabei selbst nass zu werden (→ S. 32).

5. **Taweewong Road in Patong**
Allabendlich erwacht diese Strandstraße zu einem riesigen bunten Basar (→ S. 52, 56).

6. **Laem Promthep**
Gleißend rot versinkt hier die Sonne im Meer. Das südlichste Kap Phukets ist allabendlich ein beliebter Treffpunkt (→ S. 68).

7. **Wat Chalong**
Gläubige bekleben die Statuen dieses Tempels mit Goldblättchen, und überall schwelen Räucherstäbchen (→ S. 76).

8. **Cashewnuss-Fabriken**
In Phuket Town gibt es zwei Fabriken, die Einblicke in die Ernte und Verarbeitung der Nüsse gewähren (→ S. 81, 86).

9. **Ao Phang Nga**
Dichte Mangrovenwälder und bizarr aufragende Kalksteinfelsen bilden die Kulisse der einzigartigen Bucht (→ S. 92).

10. **Songthaew-Fahrt**
Auf der Pritsche dieser umgebauten LKWs fährt es sich ungemein exotisch (→ S. 114).

MERIAN-Tipps ···>
finden Sie auf Seite 128

Inhalt

Erläuterung der Symbole

Für Familien mit Kindern besonders geeignet

Diese Unterkünfte haben behindertengerechte Zimmer

CREDIT *Alle Kreditkarten werden akzeptiert*

Keine Kreditkarten werden akzeptiert

Preise für Doppelzimmer ohne Frühstück und Steuern:

●●●●	*ab 4000 Baht*	●●	*ab 1000 Baht*
●●●	*ab 2500 Baht*	●	*bis 1000 Baht*

Preise für ein Menü mit Vorspeise und Dessert, ohne Getränke:

●●●●	*ab 500 Baht*	●●	*ab 200 Baht*
●●●	*ab 300 Baht*	●	*bis 200 Baht*

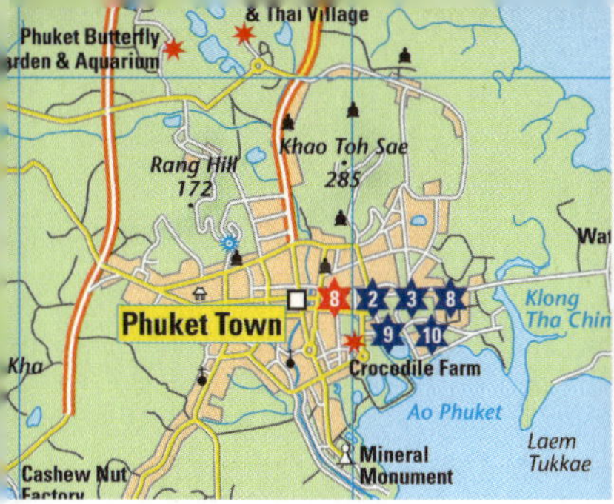

Karten und Pläne

Die Buchstaben-Zahlen-Kombinationen im Text verweisen auf die Planquadrate der Karten, z. B.
⟶ S. 119, F 20 Kartenatlas
⟶ S. 61, b 2 Detailkarte innen
⟶ Umschlagkarte hinten, c 2

Mit Straßenkarte

Phuket stellt sich vor

Ao Phang Nga (→ S. 92): Die paradiesische Bucht mit ihren Kalksteinfelsen und unzähligen kleinen Buchten können Besucher mit einem gemieteten Boot erkunden. Das Wasser ist ruhig, so dass die Fahrt fast ganzjährig möglich ist.

Tropische Strände, kristallklares Wasser, atemberaubende Sonnenuntergänge, pulsierendes Nachtleben und vielseitige Sport- und Freizeitmöglichkeiten – all das bietet Phuket.

Ko Phuket, wie die 453 Quadratkilometer große Insel im Südwesten Thailands heißt, ist alljährlich für tausende von Urlaubern genau dies: die Erfüllung eines lang gehegten Traums vom tropischen Paradies. Es fehlen lediglich Einsamkeit und Ruhe – zumindest an einigen Orten –, denn jährlich träumen etwa eine Million Reisende aus aller Welt einen ähnlichen Traum. Diese Besucher verteilen sich auf elf kleinere und größere Strandabschnitte und die Hauptstadt der Insel, **Phuket Town**, in der sich die Touristen allerdings nur selten aufhalten. Hier herrscht zwar keine Ruhe, dafür aber auch nicht das hektische Urlaubstreiben der Strände, sondern eher das normale und überaus sympathische Chaos asiatischer Städte.

Ob nun »Perle des Südens« oder »Schatz der Andamanensee«, die Insel ist ein attraktives Traumziel! Leider ist die Insel seit dem 26. Dezember 2004 aber auch mit dem Wort »Tsunami« verbunden. Die Welle riss in Thailand über 5000 Menschen in den Tod. Doch das ist scheinbar fast vergessen. Das Gedächtnis des Urlaubers ist kurz, und die Thai müssen trotz der Trauer um verlorene Angehörige ihren Lebensunterhalt bestreiten. Großzügige finanzielle Hilfen des Staates und der Versicherungen taten ein Übriges, so dass dem Urlaub nichts mehr im Wege steht. Die Buchungssituation ist großartig. Und das auch, obwohl im September 2006 das Militär in Bangkok putschte. Davon merkt der Urlauber auf Phuket aber nichts.

Strandurlauber finden hier ausgedehnte weißsandige Buchten mit kristallklarem Wasser und schattigen Plätzen unter Kasuarinen oder Palmen. Wassersportler können die Andamanensee mit Segeljacht, chinesischer Dschunke, Surfbrett oder dem »water skooter« befahren, die Unterwasserwelt erschnorcheln oder ertauchen. Dabei sind so faszinierende Erlebnisse wie Begegnungen mit Walhaien keinesfalls ausgeschlossen.

Naturliebhaber werden die tropische Flora und Fauna in Parkanlagen, Plantagen oder dem verbliebenen Regenwaldgebiet des **Khao-Phra-Thaeo-Nationalparks** erkunden; besonders im Gebiet der zahlreichen Wasserfälle gibt es viele exotische Tiere.

Island in the sun: Jeder kommt auf seine Kosten

Bleiben die Aktivurlauber: Sie finden hier jede Art von Sportmöglichkeit vor, egal ob es sich um Golf, Tennis, Reiten (zu Pferde oder auf dem Elefanten), Bungeejumping oder Klettern an Spezialwänden handelt.

Sanuk« bedeutet so viel wie ausgelassener Spaß, und das gehört hier zum Leben dazu. Unzählige Pubs, Discos und die eher berüchtigten als berühmten Go-go-Bars sind an einigen Stränden unübersehbarer Ausdruck einer Art Lebensfreude, die meist sehr lautstark und bis in die frühen Morgenstunden zum Ausdruck gebracht wird. Wem an dieser Art von Urlaub nichts liegt, sollte **Patong** meiden. Ein ausgewogeneres Maß an Ruhe und Freizeitangebot bieten **Kata** und **Karon**, Ruhe und Entspannung versprechen nur **Nai Harn**, **Nai Yang**, **Pansea** und der **Laguna-Bereich** (**Bang Tao**).

Die Kulturen der Insel

Bei so viel Urlaubs-»Vergnügen« sollte man meinen, dass die Kultur der Insel, zumindest aber die Möglichkeiten der Besucher, die kulturellen Eigenheiten kennen zu lernen, auf der Strecke bleiben – nicht so auf Phuket. Kultur ist stets eng verwoben mit Religion. Auf Phuket gehört die Religion, besser die Religionen, zum festen Bestandteil des Alltags. Hier finden sich sowohl buddhistische Tempel als auch moslemische Moscheen und christliche Kirchen. Oft sind sie unscheinbar oder gar von Strauchwerk verdeckt (wie z. B. die Moschee in Nai Yang), manchmal sind sie riesig, bunt und prunkvoll (wie etwa der viel besuchte Wat Chalong).

Auch die buddhistischen Mönche gehören zum Alltag, denn sie leben nicht nur zurückgezogen in ihrem Tempel (»wat«), sondern nehmen aktiv am Leben teil. So ist es keine Seltenheit, dass man in Phuket Town, gelegentlich auch im Bereich größerer Strände wie Patong, unter den flanierenden Menschen das leuchtende Orange der Mönchskutten erblickt. Weil sie in der thailändischen Gesellschaft zu den bedeutendsten Menschen gehören, wird den Mönchen auch stets Respekt gezollt. Für Frauen ist es absolut tabu, einen Mönch oder auch nur seine Kutte zu berühren. Armut und Demut prägen das Leben der Mönche, die, um nicht zu verhungern, auf Spenden der Einheimischen angewiesen sind. Gleichzeitig sind Mönche aber auch bemüht, sich stets weiterzubilden, indem sie beispielsweise Englisch lernen. Für sie liegt daher nichts näher, als mit einem fremden Weißen, einem »farang«, das Gespräch zu suchen. Aufgeschlossenheit, Höflichkeit und Freundlichkeit auf Seiten des Besuchers vorausgesetzt, lassen sich so völlig neue Einblicke in das »Land des Lächelns« gewinnen.

Begegnung der besonderen Art: Mönch und Urlauber

Der Lebensraum der Mönche ist der »wat«, errichtet, um Buddha zu ehren und seine Lehren zu studieren und zu verkünden. Neben dem heiligsten Bauwerk, dem »bot«, finden sich hier noch ein Gebetssaal (»vihara«), die Bücherei (»hor trai«) und der »chedi«, ein allein stehendes Gebäude in Glockenform, in dem Reliquien aufbewahrt werden. Unübersehbar prangt in leuchtenden Farben eine Art fliegender Drache unter den Dächern. Es handelt sich um Khrut, das Mischwesen aus Mensch und Vogel, das Vishnu auf den Schultern trägt.

Der hohe Stellenwert, den die Religion im Alltag genießt, wird aber

An Phukets Stränden werden Urlaubsträume wahr: Vom Relaxen in einsamen Buchten bis zum perfekt organisierten Beachlife ist alles möglich.

nicht nur in solchen Prunkbauten offensichtlich, sondern in aller Regel schon beim Spaziergang innerhalb der Hotelanlage: Irgendwo finden Sie hier mit großer Sicherheit ein mehr oder weniger auffälliges Bauwerk, das etwa in Augenhöhe auf einem Sockel ruht. Dieses Geisterhäuschen (»saan phra phum«), das mit Blumen, kleinen Opferschälchen und Räucherstäbchen geschmückt wird, soll verschiedenen Geistern Obdach gewähren, nachdem durch den Bau eines Hauses zumindest der Erdgeist in seiner Ruhe gestört wurde. Regelmäßig werden Schmuck und Opfergaben erneuert, um die Geister zu besänftigen.

Blumengeschmückte Geisterhäuschen in der Hotelanlage

Ehrerbietung erweist man der Geisterwelt, aber auch im täglichen Umgang miteinander – insbesondere durch den »wai«, den traditionellen Gruß. Dazu werden beide Hände, Innenflächen aufeinander, mindestens in Brusthöhe gehoben. Je nach Rang des Gegenübers werden die Hände bis maximal zur Stirn erhoben. Gleichzeitig wird der Kopf entweder gerade gehalten (gleich gestellte Person) oder gesenkt (höher gestellte Person). Versuchen Sie es ruhig einmal, Fehler werden gerne verziehen! Der typisch europäische Händedruck hingegen ist nur bei westlich orientierten Personen angebracht, sollte dann aber auch nicht zu kräftig sein.

Die auf Phuket lebenden Menschen sind überwiegend Thai. Wo die Thai letztendlich herkommen, liegt bis heute im Dunkeln. Ethnologen vermuten anhand chinesischer Überlieferungen, dass es sich bei diesen Menschen wahrscheinlich um Nomaden aus dem Umkreis der Gobi-Wüste handelte. Neben diesen »Ur-Thai« leben heute zahllose Chinesen und Mischlinge beider Völker in Thailand. Besonders der Süden, und damit auch Phuket, war zudem Einwanderungsland für Menschen aus dem benachbarten Malaya (heute Malaysia). Als billige Arbeitskräfte für die Zinnminen und Helfer auf den Plantagen kamen sie ins Land und brachten ihre eigene Kultur und Sprache mit.

Noch heute, lange nach der Ära des Zinnabbaus, leben Malaien auf Phuket, zu erkennen sind sie an ihren

Keine Angst vor luftiger Höhe dürfen die einheimischen Kokosnusspflücker haben.

Von einstigen Aufständen der Bevölkerung ist in dem prachtvollen Tempel Wat Chalong (→ S. 76) heute nichts mehr zu spüren.

Die Bevölkerung ist international

traditionellen »sarongs«, den Hüftwickeltüchern für Männer und Frauen. Unübersehbar ist auch ihre Religion, der Islam. Besonders im Norden Phukets finden sich zahlreiche Moscheen, die besonders zum traditionellen Freitagsgebet gläubige Moslems aus der gesamten Umgebung anziehen.

Weniger gerne gesehen waren und sind die Seenomaden oder »chao'le«, die heute überwiegend auf Ko Siray und in Rawai ansässig sind. Armut zeichnet ihr Leben am Rande der Thai-Gesellschaft aus. Ihren kargen Unterhalt verdienen sie als Fischer und Perlentaucher sowie durch den Verkauf von Muscheln und Meeresschnecken an Touristen. Da die Dörfer dieser Menschen auf Phuket als Attraktion gelten, ist es nicht verwunderlich, dass sich zumindest die Kinder darauf eingestellt haben, mehr oder weniger hartnäckig um Geld und Stifte (»pens«) zu betteln. Die ursprüngliche Herkunft der Seezigeuner bleibt verborgen, es wird jedoch angenommen, dass sie von Nomaden aus der Region der Andamanensee abstammen, die in früheren Jahren gefürchtete Piraten waren.

Die kleinste Bevölkerungsgruppe auf Phuket bilden die »expats«, jene Weißen, die aus den verschiedensten Gründen auf Phuket hängen geblieben sind. Viele von ihnen leben in Phuket Town oder Patong und sind im Tourismusgeschäft tätig. Wer verständnislos den Kopf schüttelt, wird beim Urlaub auf Phuket selbst recht rasch feststellen, wie leicht man der Faszination dieses tropischen Eilandes erliegt. Vielleicht schmieden Sie schon bald Pläne für Ihr Leben auf Phuket – und wenn es auch nicht für immer ist, wiederkommen werden Sie sicher!

Gewusst wo ...

Die Bungalows des traumhaft am Pansea Beach gelegenen Amanpuri Resort (→ MERIAN-Tipp, S. 13) wurden sämtlich im traditionellen Thai-Stil errichtet. In einer solchen Umgebung fällt es nicht schwer, sich bei einer Massage im Spa-Bereich völlig zu entspannen.

Exklusive Hotelvillen mit eigenem Pool, Restaurants mit authentischen Gerichten, Nightlife und Shopping im Überfluss – Phuket bietet ganzjährig für jeden Besucher das richtige Angebot!

Übernachten

Das Paradies im Luxushotel oder lieber die Tropen in der palmenblattgedeckten Bambushütte?

Beim Betreten der luxuriösen Lobby des Le Méridien Phuket Beach Resort (→ S. 64) bekommen die Gäste einen ersten Eindruck auf den bevorstehenden Komfort.

Die preiswertesten Unterkünfte auf Phuket sind kleine **Bungalows** aus Holz oder Bambus, gedeckt mit Wellblech oder Palmwedeln. Außer einem breiten Bett (reicht für zwei Personen) gibt es meist nur noch ein paar Stühle, einen Tisch, eventuell einen Schrank und einen Ventilator.

Die oft vorhandenen Moskitonetze müssen genau auf Löcher untersucht werden, besser ist es, ein eigenes Netz mitzubringen. Eigenes WC und Dusche gehören mittlerweile fast überall zum Standard, entsprechen in der untersten Kategorie jedoch nicht immer dem gewohnten Standard.

Besseren Komfort bieten die **Hotels** der Insel. Während preiswerte Häuser in Phuket Town nur wenig über dem Niveau der Strandbungalows liegen, allerdings fast immer eine Klimaanlage besitzen, kennen die Hotels an den Stränden, zumindest was den Preis betrifft, (fast) keine Obergrenze. Meist sind die Zim-

Komfort auch fürs kleinere Budget

mer recht geschmackvoll eingerichtet, verfügen grundsätzlich über eine Klimaanlage, ein eigenes Bad, einen Fernseher und Telefon. Fast immer gehört ein Swimmingpool zum Haus, oft auch ein Wassersport- und/oder Fitnesscenter.

Während bei den billigsten Unterkünften in der Regel ein leichtes Frühstück im Preis enthalten ist, lassen sich größere Hotels diese Leistung fürstlich entlohnen. Die großzügigen Büfetts sind ihren Preis wert, doch wem dies zu viel und zu teuer ist, kann à la carte bestellen, zum Beispiel ein »continental breakfast«. Im Übrigen besteht praktisch überall außerhalb der Hotelanlage die Möglichkeit, in kleinen lokalen Restaurants genauso gut, aber preiswerter zu frühstücken.

MERIAN-Tipp

1 Amanpuri Resort am Pansea Beach

Klein, aber fein ist das Motto dieser Exklusivanlage. Zu jedem der insgesamt 40 Bungalows, die im traditionellen Baustil Thailands errichtet wurden, gehört eine eigene Service-Crew, die ihren Gästen rund um die Uhr zur Verfügung steht. Dass sämtliche Sportmöglichkeiten zur Anlage gehören, versteht sich von selbst.

Pansea Beach; Tel. 076/32 43 33-38, Fax 32 41 00; E-Mail: amanpuri@amanresorts.com; www.amanresorts.com; 40 Bungalows ●●●● CREDIT

→ S. 43, a 2

Nahezu alle Hotels sind recht teuer, wenn sie erst vor Ort gebucht werden. Der aktuelle Zimmerpreis (»published rate«) ist allerdings wie überall auf der Welt nur Verhandlungsgrundlage. Zumindest zu Zeiten, in denen keine besonderen Ereignisse stattfinden, werden Ihnen auf Nachfrage immer Rabatte gewährt.

Wissen Sie genau, wo und wie Sie wohnen möchten, lohnt der Weg ins Reisebüro daheim. Hier erhalten Sie oft relativ günstige Angebote. Am preiswertesten sind häufig die Offerten im DER-Katalog. Wer sich bereits darüber im Klaren ist, an welchem Strand er urlauben möchte, kann auch im Internet (z. B. unter www.hotelservice.org) nachschauen.

Privatzimmer oder -häuser sollte man wochen- oder monatsweise mieten. Allerdings empfiehlt es sich, sich zuvor vom guten Zustand des Gebäudes zu überzeugen, d. h. erst vor Ort zu buchen.

Hotels sind bei den einzelnen Orten im Kapitel »Unterwegs auf Phuket« beschrieben.

Essen und Trinken

Frisches Gemüse und Gewürze geben den Reis- und Nudelgerichten ihre feine bis sehr scharfe Note.

An den typischen Garküchen am Straßenrand kann man preiswert köstliche Saté-Spieße schlemmen, sollte der Gesundheit halber aber auf frische Zubereitung achten.

Jedem Urlauber wird es meist schon kurz nach der Ankunft, spätestens aber nach dem ersten Essen bewusst: Die Faszination des Gastlandes erschöpft sich nicht nur in Tempeln, palmengesäumten Stränden und andersartiger Kleidung, sondern lässt sich auch durch die Vielfalt neuer und abwechslungsreicher kulinarischer Köstlichkeiten erleben.

Wie in allen tropischen Regionen gibt es auf Phuket eine Vielzahl mehr oder weniger exotischer Früchte: Bananen, Mangos, Ananas, Papaya,

Eine Vielzahl exotischer Früchte

Jackfruit, Rambutan und Durian. Sie werden als ganze Frucht, appetitlich in Stücke geschnitten, oder in Form von erfrischenden Fruchtsäften angeboten. Auf Märkten kann man sich zeigen lassen, wie unbekannte Früchte geöffnet werden (zum Beispiel durch Drehen der haarigen Schale bei den Rambutan), probieren Sie ruhig angebotene Fruchtstücke, und lassen Sie sich nicht von lokalen Besonderheiten verwirren.

Bei der Zubereitung thailändischer Gerichte wird sehr sparsam mit Fett umgegangen. Frisches Gemüse und fangfrischer Fisch (»pla«) sowie Fleischgerichte werden als Beilagen zu Reis (»khao«) und Nudeln (»mee«) serviert. Das Ergebnis heißt dann Curry oder »kaeng«. Verwendet werden dabei zahlreiche Kräuter und Gewürze, allen voran Chili. Geraspelt oder als Sauce wird von dieser roten Frucht nicht gerade sparsam Gebrauch gemacht, was für europäische Gaumen oft nicht nur ungewohnt scharf wird, sondern bisweilen eine geradezu schweißtreibende Wirkung entfaltet.

Zur Milderung der Schärfe wird das Gericht oft in Kokosmilch gekocht oder zumindest serviert, erfahrungsgemäß ist der Erfolg jedoch meist zweifelhaft. Phuket-Neulinge sollten also bei der Bestellung von Gerichten mit Kokosmilch vorsichtig sein.

Die allenthalben zu findende Würzsauce »nam plaa«, oft als Ersatz für Salz verwendet, wird aus verschiedenen Kräutern und fermentiertem Fisch hergestellt. Hummer, Garnelen (»goong«) und Tintenfisch (»pla mueg«) sowie alle Arten von Krebsen bestimmen den Speisezettel unter der Rubrik Meeresfrüchte (»seafood«). In riesigen Becken werden diese Tiere oft vor den Restaurants ausgestellt, um dann auf Bestellung frisch zubereitet zu werden. Noch frischer ist es dann nur direkt aus dem Netz. Doch wie soll man den Fang dann zubereiten? Für Besucher ist das natürlich unmöglich, aber wer sagt denn, dass es für solche superfrischen Meerestiere (also direkt vom Meer auf den Teller) nicht auch eine Lösung gäbe? Grundvoraussetzung ist Mobilität, denn mit dem Mietwagen kann man zum Laem Hin Harbour fahren und von dort mit dem Boot zu schwimmenden Restaurants (→ S. 86). Hier bestellt man aus dem Netz im Meer!

So international wie das Urlauberpublikum ist auch das Spektrum der Küchen. Angeboten werden sowohl Wiener Schnitzel, Kasseler, Sauerkraut, Pizza und Pasta als auch

Asiatische Spezialitäten neben der vertrauten Küche

Croissants, Hamburger, Enchiladas und Tortillas.

Aus Asien finden Sie hier malaiische Gerichte, allen voran die schmackhaften »saté«-Fleischspießchen in Erdnusssauce, serviert mit klebrigem Reis. Chinesische Kochkünste zeigen sich bei bekannten Fleischgerichten in süß-saurer Sauce, »dim sum«, Teigbällchen mit Fleisch- oder Fischfüllung, Vogelnester- und Haifischflossensuppe.

Antialkoholische Getränke (»soft drinks«), Tee, Kaffee und Trinkwasser in Flaschen sind überall erhältlich. Besonders in den großen Urlaubszentren liegt allerdings der Bierkonsum erheblich höher, wobei neben den importierten Sorten (zum Beispiel Warsteiner, Foster, Erdinger und Heineken) auch die lokalen, beispielsweise »singha« und »kloster«, gerne getrunken werden. Weine stammen überwiegend aus Kalifornien und Australien, selten aus Europa.

Alkohol: Vorsicht vor Maehkong

Die thailändische Spirituosenspezialität heißt »maehkong«, wird oft als Whiskey bezeichnet, hat aber wenig mit diesem Produkt zu tun, wird sie doch auf der Basis von Reis hergestellt. Trotz seines nur etwa 25 Vol.% Alkoholgehalts kann dieses Getränk so manchen Urlaubstag trüben, da es für Europäer oft nicht besonders gut verträglich ist.

Messer und Gabel werden Sie wohl zumeist nur in westlichen Restaurants finden. Thais essen eigentlich mit den Händen. Heute sind Löffel (rechte Hand) und Gabel (linke Hand) allerdings schon recht weit verbreitet. Messer sind überflüssig, denn die Gerichte werden entweder in mundgerechten Stücken serviert oder sind recht weich, so dass die Gabel zum Zerkleinern reicht.

Liebhaber einfacher Gerichte kommen am ehesten an den kleinen **Straßenständen** auf ihre Kosten, sollten dann aber entweder etwas Thai sprechen oder experimentierfreudig sein, denn Speisekarten gibt es hier nicht. Hilfreich ist ein Blick in den Topf, für die Qualität bürgt meist die Anwesenheit von (möglichst vielen) einheimischen Essern. Allerdings ist an dieser Stelle auch eine Warnung angebracht, denn die Hygiene dieser fahrbaren **Garküchen** lässt manchmal zu wünschen übrig. Die größte Auswahl unterschiedlichster Gerichte bieten die Essensmärkte oder auch Nachtmärkte, auf denen zahlreiche Garküchen allabendlich zusammenkommen.

Speisekarten und (meist) hygienischere Verhältnisse findet man in den Restaurants, die von einfachen thailändischen oder westlich orientierten Fastfood-Gerichten bis hin zum Gastronomiebetrieb der internationalen Spitzenklasse variieren können.

Krustentiere, frisch zubereitet, zählen zweifellos zu den kulinarischen Höhepunkten der ohnehin so köstlichen thailändischen Küche.

Wozu eine Reise nach Thailand, wenn man dort ausschließlich westlich orientiert isst oder zumindest Restaurants aufsucht, die die Thaiküche dem westlichen Geschmack angepasst haben? Ein bisschen Abenteuerlust und Experimentierfreude sind aber gefragt, wenn man authentisch essen will, denn selbst wenn es Speisekarten gibt, verwirren die fremden Schriftzeichen des Thai nur.

Na dann spricht man eben mit der Bedienung über die Gerichte auf der Karte. Doch weit gefehlt, denn Englisch, von den größten touristischen Zentren einmal abgesehen, wird nicht von jedem Thai gesprochen bzw. verstanden. Dies ist nicht immer leicht zu durchschauen, denn in Asien gilt nun einmal das Prinzip, um keinen Preis sein Gesicht zu verlieren. Etwas nicht zu verstehen, was ein Weißer, eine »Langnase«, also ein »farang«, sagt, führt aber genau dazu. Also ist man bemüht, den Eindruck zu hinterlassen, alles verstanden zu haben und bestimmte Gerichte zu liefern, die eventuell noch mit Extrawünschen versehen worden sind. Mit ebenso großer Selbstverständlichkeit kann das aber auch daneben gehen. Merkt der Gast etwas, kann man sich immer noch wortreich entschuldigen.

Zitronengras, Pilze und Garnelen sind die Hauptzutaten der »Tom-Yam-Gung-Suppe«.

Garküchen und Restaurants

Oft bestehen diese Sprachprobleme allerdings auch in Restaurants mit einer Speisekarte, die neben Thai die englische Schrift zeigt. Geschickt zeigt sich der Gast, der dann zunächst im englischen Teil der Karte nachliest, auswählt und dann an entsprechender Stelle im thailändischen Teil der Karte das Gericht anhand der erkennbaren Überschriften abzählt und der Bedienung mit dem Finger zeigt, wie das gewünschte Essen in Thai heißt. Doch Achtung, erstens muss die Thai-Karte nicht mit der englischen übereinstimmen, zweitens können die auf Thai geschriebenen Gerichte ganz anders gewürzt sein, und dann sicherlich nicht schwächer, und drittens kann man nicht immer davon ausgehen, dass die Bedienung lesen kann. So wird aus einem Fischgericht mit Knoblauch und Zwiebeln dann rasch ein Muscheleintopf mit Reis. Allerdings haben diese Probleme auch ihren Charme und geben der exotischen Reise die nötige Würze. Aber auch wer authentisch essen möchte, bleibt in Thailand nicht hungrig, denn essen ist Spaß (»sanuk«) und damit ein wichtiger Bestandteil des täglichen Lebens, der thailändischen Lebensphilosophie. So zeigt man zur Not in der Küche auf das Gericht im Topf, das viel versprechend aussieht. Geht's dennoch daneben – »mai pen rai« (das macht nichts).

Restaurants sind bei den einzelnen Orten im Kapitel »Unterwegs auf Phuket« beschrieben.

Einkaufen

Was wäre ein Phuket-Urlaub ohne das Vergnügen, im bunten Angebot der Straßenstände zu schwelgen?

Neben prächtigem Schmuck und raffinierten Holzschnitzarbeiten stehen auch zahlreiche Buddhafiguren in verschiedensten Größen für den Souvenirjäger bereit – erkundigen Sie sich jedoch vor dem Kauf auf alle Fälle nach den Zollvorschriften.

Beim **Souvenirkauf** auf Phuket werden Sie recht schnell fündig, es bleibt dann nur die Qual der Wahl, zumal vieles sehr preiswert erscheint. An den zahllosen Straßenständen, die täglich von morgens bis spätabends geöffnet haben, wechselt so mancher Baht für bunte T-Shirts, Rucksäcke, Strandtücher, Sonnenbrillen, Spielzeug, Holzschnitzereien und andere typische Urlaubsartikel den Besitzer. Trotz der erstaunlich günstigen Preise ist die Qualität der angebotenen Waren oft recht hoch. Sie möchten keine Souvenirs kaufen? Dann gibt es hier zwei Möglichkeiten. Entweder das Angebot überzeugt Sie vom Gegenteil, oder Sie genießen es, den Händlern und Käufern einfach nur zuzuschauen!

MERIAN-Tipp

2 Souvenirs & Co.

Bunte T-Shirts, Sonnenbrillen, Schnitzereien und anderes Kunstgewerbe können Sie im Bereich der Tilok Uthit 1 Road in Phuket Town preiswert und vor allem stressfrei einkaufen. Statt sich beispielsweise abends in Patong ins Gewühl zu stürzen, können Sie den Bummel in Phuket Town genießen. Nur wenige Weiße verirren sich abends hierher, die Menschen sind freundlicher, und die Preise liegen schon nach ersten Verhandlungen oft unter denen, die man in Patong zahlen müsste.

Zwischen Chana Charoen und Ong Sim Phai Rd. → Umschlagkarte hinten, c 4

Vorsicht vor Plagiaten!

Nicht weniger beliebt sind **Plagiate** berühmter Marken: Polohemden mit Krokodil, T-Shirts mit »Hard Rock Café«-Aufdruck, Jeans begehrter Hersteller, Luxusuhren von Rolex, Cartier, Gucci und Breitling sowie Parfums aller bekannten Designer. Alles ist zu haben, und alles ist **illegal**! Mag das in Thailand noch amüsant erscheinen, so legt sich die Freude über das vermeintliche Schnäppchen oft an den bundesdeutschen Flughäfen, an denen Zollbeamte genau jene Fälschungen beschlagnahmen (oft wird allerdings ein Auge zugedrückt, wenn es sich um wenige Teile für den ausschließlich persönlichen Gebrauch handelt!). Die eine oder andere Uhr segnet bereits nach wenigen Wochen das Zeitliche, und manches T-Shirt passt nach einer Wäsche nur noch Kleinkindern oder hat völlig andere Farben und Formen angenommen.

All diese Plagiate werden vornehmlich in Patong gehandelt und zwar zum überwiegenden Teil entlang der Taweenwong Road. Zumindest in der Hauptreisezeit werden hier auch entsprechend hohe Preise verlangt und das üblicherweise noch von Händlern, die nicht aus Thailand stammen und deshalb eine sehr viel aufdringlichere Art zeigen, als dies bei Thai zu beobachten wäre. Mit Sprüchen wie »Alles billig! Superbillig!« versuchen sie eine kumpelhafte Atmosphäre aufzubauen, in der man rasch bereit sein soll, die weit überhöhten Preise zu zahlen.

Doch damit nicht genug: Wollen Sie etwas Landestypisches von der Reise mitbringen und dabei auf die oben erwähnten Dinge verzichten? In diesem Fall werden Sie vor ein Problem gestellt. Denn der angebotene **Silberschmuck** stammt aus Nordthailand, die Zinnprodukte kommen oft aus Malaysia (Selangor-Pewter) und die **Holzschnitzereien** aus dem Norden oder aus Indonesien. Die hübschen **Paillettenarbeiten** auf Mützen, Kissenbezügen und Rucksäcken stammen ebenfalls nicht von hier, sondern sind typisch für Myanmar. Dass diese Dinge daher einiges teurer sind als in ihrem Herkunftsort, braucht wohl nicht eigens betont zu werden.

Wer also auf einer Rundreise durch Asien ist, kann sich auf Phuket schon einmal einen Überblick verschaffen, um dann später einzukaufen. Dies gilt auch, wenn Sie über Bangkok reisen. Auch hier ist vieles preiswerter und das Angebot erheblich größer. Wenn man neben dem Badeurlaub auch einen richtigen Einkaufsbummel plant, lohnt sich auch ein **Kurztrip nach Bangkok** (→ S. 95).

Noch ein Wort zu den allenthalben angebotenen **Edelsteinen** und **Antiquitäten**. Von hervorragenden Arbeiten bzw. Fundstücken bis hin zu stümperhaften Fälschungen und buntem Glas ist alles im Umlauf. Wer vorhat, solche Waren zu erwerben, sollte sich möglichst vorab in Deutschland informieren (auch über Preise) oder besser noch einen Kenner zum Kauf mitnehmen. Gesundes Misstrauen ist nämlich leider durchaus angebracht.

In zahlreichen Ausstellungen kann man überall auf der Insel Perlen und aus ihnen gefertigte Schmuckstücke kaufen. Preisentscheidend sind dabei neben Qualität der Perlen und der Arbeit natürlich auch die Jahreszeit und der Standort. An den Hauptstränden zahlt man mehr als irgendwo an der Hauptstraße zwischen Phuket Town und einem Strand im Kautschukwald, in der Hauptreisezeit mehr als in der Nebensaison, und es wird auch preiswerter, wenn man mit dem Mietwagen vorfährt und nicht von einem Schleppertaxi »zum Schauen« vorbeigefahren wird. Stehen große Busse vor der Tür, trinkt man am besten eine Cola und kehrt frühestens zwei Stunden später zurück, getreu der Devise: je weniger Kunden, desto besser die Preisverhandlungen.

Maßgeschneidertes aus Seide

Typisch für Thailand sind das Schneiderhandwerk und die Seide. Beides lässt sich auf Phuket wunderbar kombinieren, indem man eines der vielen Angebote für Maßanzüge, -kleider oder Mäntel erproben. Ausgestattet mit den Katalogen international renommierter Designer können Sie sich Ihr Lieblingsstück recht preiswert und schnell nähen lassen. Je länger Sie dem Schneider Zeit lassen, desto preiswerter wird es (Minimum 24 Stunden). Unter den zahllosen Schneidereien die für Sie beste herauszufinden ist allerdings ein Prob-

Dank der betörend farbenfrohen Seidenstoffe hat der Kunde die Qual der Wahl.

Auf den zahlreichen Märkten stößt man immer wieder auf frisch gepflückte Lotossträuße.

lem. Oft hilft die Empfehlung durch andere Gäste oder ein Tipp, den Sie an der Hotelrezeption bekommen.

Abschließend noch ein paar Worte zum Thema **Artenschutz**. Verzichten Sie bitte auf Tierprodukte, die Sie überall in Form von Muscheln, Schnecken, Reptilleder oder Schildpatt angeboten bekommen. Erstens führt je-

Respekt vor Artenschutz

der Kauf zu weiteren Tötungen und damit oft zum Aussterben einer bedrohten Art, und zweitens dürfen diese Waren ohnehin nicht nach Europa eingeführt werden. Bei der Rückreise drohen am Zoll Beschlagnahmung und hohe Geldbußen.

Ähnlich verhält es sich mit Buddhastatuen. Nur Buddhisten dürfen diese Statuen aus Thailand ausführen, bei Schmuggelversuchen drohen sehr hohe Strafen, denn die Statuen wurden zu oft in Übersee zweckentfremdet.

Typisch für Phuket und außerdem preiswert sind Cashewkerne. Diese Frucht des Kaschu- oder Acaju-Baums stammt ursprünglich aus Mittel- und Südamerika. Seeleute verbreiteten sie früher in vielen tropischen Ländern. Die Bäume liefern einerseits die wohlschmeckenden Kerne, andererseits lässt sich aus dem Fruchtfleisch Wein herstellen. Heute zählen die Cashewkerne von Phuket zu den besten ganz Südostasiens.

Leckermäuler können aber auch noch Süßigkeiten einkaufen. Sehr gut sind die getrockneten und kandierten Früchte, die es auf Märkten, zur Not auch im Supermarkt gibt. Versäumen sollte man es auf keinen Fall, zumindest einmal Ananasringe bzw. -stücke zu probieren. Sie sind unterwegs ein prima Ersatz für Schokolade und daheim ein exotisches Souvenir, das nicht verstaubt!

Geschäfte und Märkte sind bei den einzelnen Orten im Kapitel »Unterwegs auf Phuket« beschrieben.

Feste und Events

Eine Vielzahl von Festen geht immer mit ausgelassenem Spaß und schillernder Farbenpracht einher.

Natürlich steht bei religiösen Festen auch der Besuch des Tempels auf dem Programm. Regelmäßige Opferriten sind aber auch sonst ein wichtiger Teil des täglichen Lebens.

Ob es sich um staatliche oder religiöse Feste handelt, Spaß und Freude gehören selbst bei den ernstesten Feierlichkeiten dazu. Früher galt Thailand als eines der Länder mit den meisten Festen, mittlerweile sind sie weniger geworden, gefeiert wird aber trotzdem nahezu jeden Monat. Die Feiern richten sich, zumindest die buddhistischen Festtage, nach dem Mondkalender, die Termine sind also jedes Jahr andere. Zu besonderen Festen (Songkran, Vegetarisches Fest, Loy Krathong) ist ganz Thailand auf den Beinen, rechtzeitige Zimmer-, Bahn-, Bus- und Flugreservierungen sind dann unabdinglich. Um dies noch mal in Zahlen auszudrücken: Zum Songkran-Fest 1998 waren nach Angaben der thailändischen Regierung 3,5 Mio. Menschen unterwegs, davon immerhin 300 000 Ausländer. Zu den einheimischen Festen kommen wegen der vielen Urlauber und »Dagebliebenen« auf Phuket auch Feiern zu Ostern und Weihnachten.

Februar

Makha Buja

Bei Vollmond werden in Tempeln Opfer gebracht, um Buddha und seinen 1250 Jüngern zu huldigen. Abends Kerzenprozessionen.

April

Chakri-Tag

Der gesetzliche Feiertag soll an die Chakri-Dynastie erinnern, deren neunter Vertreter der derzeitige König Bhumibol Adulyadej ist.

6. April

Songkran

Der Neujahrstag der Thai. Das Ende der Trockenzeit wird durch das Ver- 1 spritzen von Wasser ausgiebig gefeiert. Das Nassspritzen von Menschen und das Bepudern mit Farbpulver gehören zum Spaß. Besonders farbenprächtig wird im Bereich von Saphan Hin gefeiert. Am Strand von Nai Yang werden junge Meeresschildkröten ins Wasser gesetzt, um die Geister gnädig zu stimmen.

13. April

MERIAN-Tipp

3 Vegetarisches Festival

Neun Tage lang wird dieses Fest zu Ehren der Schutzgeister – angeblich neun chinesische Kaiser, die 45 000 Jahre lang regierten – zelebriert. Die Teilnehmer leben zuvor streng asketisch und vegetarisch und ziehen unter lautem Getrommel durch die Straßen von Phuket Town. Dabei werden den Teilnehmern in Trance Spieße, Nadeln und Haken ins Fleisch gebohrt. Die Kraft der Schutzgeister soll alle Wunden heilen. Auch das Laufen über glühende Kohlen geht mithilfe der Geister gut aus.

Mitte bis Ende Oktober

Mai

Pflugzeremonie

Nachdem Brahmanen das Datum festgelegt haben, pflügen heilige Ochsen symbolisch den ersten Acker um. Nun beginnt die Pflanzsaison. Besonders farbenprächtig ist die Zeremonie am Sanam Luang in Bangkok.

Anfang Mai

Juli

Fest der hungrigen Geister

Zu diesem chinesischen Fest versuchen die Gläubigen, die Geister, die zur Erde zurückkehren, mit Opfergaben gnädig zu stimmen.

Ende Juli/Anfang August

November

Loy Krathong

Das Lichterfest soll die Wassergeister ehren. Papierschiffchen (»krathongs«) werden geschmückt zu Wasser gelassen und mit einer brennenden Kerze versehen, böse Gedanken treiben so von den Menschen weg Richtung Meer.

Phuket Town; Vollmondnacht Ende Nov.

Sport und Strände

Ein Wassersportparadies ist Phuket zweifellos, doch auch das Hinterland ist für Sportive von Interesse.

Aktivurlaubern sind auf Phuket kaum Grenzen gesetzt. Ein Elefantentrack durch die tropischen Wälder bleibt mit Sicherheit ein unvergessliches Erlebnis.

Sowohl Sonnenhungrige, die ihre Urlaubsbräune am liebsten passiv auf den feinsandigen Stränden der Insel erwerben, als auch Anhänger aktiver Betätigungen kommen auf ihre Kosten. Surfen, Segeln, Wasserski, Parasailing, Tennis etc. – die Liste ließe sich beliebig erweitern. Auch die »Wasserratte« muss auf Phuket nicht lange suchen. Schwierig ist nur die Wahl zwischen dem Bad im Meer, der Erfrischung im Pool und dem Verlangen, die Unterwasserwelt des tropischen Meeres schnorchelnd oder tauchend zu erleben.

Ist das Strandleben irgendwann zu eintönig, besteht die Möglichkeit zu ein- bis mehrtägigen Exkursionen in die Regenwälder Phukets bzw. auf das benachbarte Festland. In diesem Fall sind festes Schuhwerk, langärmelige Hemden und lange Hosen erforderlich, denn rankende, dornenbewehrte Rattanpalmen versperren allenthalben den Weg. Neben diesen eher lästigen **Pflanzen** gibt es aber zahllose andere, die mehr begeistern als stören. Unter dem dichten Dach der Urwaldriesen des Khao-Sok-Nationalparks ranken zum Beispiel Lianen, wachsen Orchideen in Astgabeln, sitzen Farne am Boden und hoch oben im Geäst.

Und dann erst die **Tierwelt**. Bunte Vögel und Schmetterlinge, zahlreiche Insekten (etwa Weberameisen) und Spinnen sowie gelegentlich auftauchende Affen (meist Languren und Makaken) erwecken in so manchem schweißdurchtränkten Europäer »Indiana-Jones«-Gefühle. Raschelt es im Laub, taucht sicherlich wenig später eine Echse oder eine Schlange auf. Aber man sollte andererseits auch nicht zu viel erwarten, denn das Prinzip des Regenwaldes lautet zwar Artenvielfalt, bedeutet aber gleichzeitig auch sehr eingeschränkte Individuenzahlen. Eine Ausnahme von dieser Regel bilden nur einige Insekten, ganz besonders die Stechmücken. Insektenschutzmittel helfen gegen Mücken und zumindest in der Regenzeit auftauchende Blutegel.

Angeltouren

Hochseeangelfahrten, zum Teil auch »sharkfishing« (Angeln von Haifischen), veranstalten:

Big game fishing → S. 118, B 8
Phuket Sport Fishing Centre, Patong; Tel. 0 76/21 47 13

Wahoo Big Game → S. 120, C 9
Chalong; Tel. 0 76/34 13 78

Andaman Fishing → S. 120, C 9
Chalong; Tel. 0 76/21 17 52

Boat Lagoon → S. 119, D 8
22/1 Thepkrassatri Rd., Phuket Town; Tel. 0 76/23 91 11

Bungee-Jumping

Jungle Bungee Jump → S. 118, C 8
Hier kann man unter Anleitung von Sprungmeistern den »freien« Fall vom 54-m-Turm wagen oder anderen mutigen Springern vom Restaurant aus zusehen.
Kathu District, an der Hauptstraße zwischen Patong und Phuket Town; Tel. 0 76/32 13 51; tgl. 11–18 Uhr

Golf

Banyan Tree Club → S. 118, B 6
The Laguna, 34 Moo 4 Thambon, Choeng Thale; Tel. 0 76/32 43 50

Blue Canyon Country Club → S. 118, B 2
Thepkrassatri Rd., Mai Khao, (Nähe Flughafen); Tel. 0 76/32 74 40

Phuket Century Country Club → S. 118, C 7
The Century, Vichit Songkhram Rd., Kathu; Tel. 0 76/32 19 33

Phuket Country Club → S. 118, C 7
80/1 Vichit Songkhram Rd., Kathu; Tel. 0 76/32 10 38 41

Kanufahren

Höhlen erforschen, Flüsse befahren und die Natur bewundern ...

Siam Kayak ⇢ S. 120, C 9
22/5 Moo 10 Soi Yodsane 2, Chalong; Tel. 076/28 02 75, www.siamkayak.com

John Gray's Sea Canoe ⇢ S. 119, D 8
P. O. Box 276, Phuket Town; Tel. 0 76/25 45 05, Fax 22 60 77

Motorbootfahren

Boat Lagoon ⇢ S. 119, D 8
22/1 Thepkrassatri Rd., Phuket Town; Tel. 0 76/23 91 11

Natur- und Trekking-Touren

Es gibt zahlreiche Safari- und Abenteuertourveranstalter.

Asean Adventures ⇢ S. 118, B 8
60/5 Rat Uthit Rd., Patong; Tel. 0 76/34 17 99

Phuket ATV Tours ⇢ S. 119, D 6
Ein- und zweistündige sogenannte »Nature-Watch«-Touren, bei denen es aber in erster Linie um das Fahren mit Quads im Gelände geht. Telefonische Anmeldung, Abholung am Hotel.
20/31-2 Moo2, Koh-Kaew, Muang; Tel. 0 76/23 97 17, Hotline 01/8 92 14 14; www.atvphuket.com

Siam Safari ⇢ S. 119, D 8
17/2 Soi Yod Sane, Chao Fa Rd., Phuket Town; Tel. 0 76/28 01 16

South Orchid Co. ⇢ S. 119, D 8
Der deutsche Veranstalter bietet Tagesausflüge auf der Insel und gut organisierte Mehrtagestouren zu Nationalparks in der Umgebung (→ MERIAN-Tipp, S. 86). Neu sind mehrtägige Touren, die bis nach Myanmar führen.

Reiten

Ob am Strand oder durch Plantagen, Anfänger und erfahrene Reiter erleben die Insel vom Sattel aus bei:

Crazy Horse Club ⇢ S. 120, B 11
Soi Ruam Na Na Chat (zwischen Rawai und Nai Harn Beach)

Kalim Elephant Trekking ⇢ S. 118, B 8
Reiten mal anders. Statt hoch zu Ross, schwankend auf dem Elefantenrücken.
154 Kalim Bay Rd. (nördl. von Patong); Tel. 0 76/34 46 09

Phuket Laguna Riding Club
→ MERIAN-Tipp, S. 45

Phuket Riding Club ⇢ S. 120, C 10
95 Viset Rd., Chalong; Tel. 0 76/28 82 13

Segeln

Jachten mit und ohne Skipper bieten:

Meroja
25-Meter-Jacht, die für ein- bis fünftägige Touren zu chartern ist.
Tel. 0 76/33 00 87

Phuket Watertaxi ⇢ S. 118, A 6
Pansea Beach; Tel. 0 76/27 05 62

South East Asia ⇢ S. 118, B 8
Andaman Square, Patong; Tel. 0 76/34 04 06

Boat Lagoon ⇢ S. 119, D 8
22/1 Thepkrassatri Rd., Phuket Town; Tel. 0 76/23 91 11

Tauchen

Calypso Divers ⇢ S. 120, B 10
Deutschsprachige Tauchschule, die eine sehr gute Ausbildung und hervorragend organisierte Ausflüge bietet.
109/17 Soi 4 Patak Rd., Kata Centre; Tel./Fax 0 76/33 08 69

Dive Asia ⇢ S. 120, B 10
121/10 Moo 4, Patak Rd., Kata Beach; Tel. 0 76/33 05 98

Santana Diving Centre ⇢ S. 118, B 8
Deutschsprachige Lehrer.
92/18 Sawatdirak Rd., Patong; Tel. 0 76/29 42 20

Scuba Cat Diving → S. 118, B 8
Beach Rd, Patong; Tel. 0 76/29 31 20

Sea Bees Submarine Centre → S. 120, C 10
1/3 Viset Rd., Chalong;
Tel. 0 76/38 17 65

Sea Hawk Divers → S. 118, B 8
92/21 Sawatdirak Rd., Patong;
Tel. 0 76/34 11 79

Siam Diving Centre → S. 120, B 10
121/9 Patak Rd., Kata-Karon;
Tel. 0 76/33 06 08

South East Asia Divers → S. 120, C 10
Filialen im Le Meridien Hotel, Amari Coral Beach Hotel, Kata Thani Hotel und am Kata-Karon Beach.
Hauptbüro in Chalong;
Tel. 0 76/28 12 99

Sunrise Diving → S. 53, b 3
Das von Europäern betriebene Unternehmen führt einen zu den schönsten Tauchspots der Region.
49 Taweewong Rd., Patong Beach;
Tel. 0 76/29 20 52, Mobil 0 19/56 65 94;
www.sunrisediving.net

Ocean Divers → S. 53, b 3
Alteingesessenes PADI Tauchzentrum im Herzen von Patong.
142/6 Taweewong Rd. (Höhe »King's Fashion« zur »Grillhütte« abbiegen),
Patong Beach; Tel. 0 76/34 12 73;
www.oceandiversphuket.com

Unterseeboot

Liveaboards
Tauchern geht das Herz auf, wenn sie mehrere Tage auf See bleiben und täglich sowie nachts tauchen können. Solche Touren werden mit den unterschiedlichsten Gefährten angeboten: vom Luxuskreuzer bis zum umgebauten Fischkutter. Gute Angebote hat z. B. Scuba Cat (www.scuba-cat.com) und Sea Bees Diving (www.seabees.com). Eine große Auswahl gibt es auch bei www.idaphuket.de.

Strände

Bang Tao Beach → S. 118, B 6
An diesem Strand im Westen der Insel finden sich v. a. Luxushotels. 2

Chalong Beach → S. 120, C 10
In der Bucht im Südosten Phukets dümpeln Fischerboote an Molen und in Ufernähe. Bei Ebbe zieht sich das Wasser ziemlich weit zurück.

Karon Beach → S. 120, B 9/10
Der kilometerlange Sandstrand bietet immer genügend Platz.

Kata Yai Beach → S. 120, B 10
Weitläufiger Sandstrand mit kompletter Infrastruktur, der im Süden in den **Kata Noi Beach** übergeht. Hier ist es ruhiger, allerdings dominiert eine einzelne Hotelanlage die Bucht.

Laem Panwa → S. 121, E 10
Recht schmaler Strandbereich außerhalb des touristischen Interesses. Hier herrscht Ruhe!

Mai Khao Beach → S. 116, B 2
Dieser nördlichste Strand ist nur für Tagesausflüge empfehlenswert, bietet aber Ruhe am (fast) menschenleeren weißen, feinen Sandstrand.

Nai Harn Beach → S. 120, B 11
Sehr schöne Bucht, in deren Gewässern oft luxuriöse Yachten dümpeln.

Patong Beach → S. 118, B 8
Wenn außer Sonne, Sand und Meer auch laute Musik, Verkehrslärm und Menschenmassen zum Ambiente gehören, ist Patong gerade richtig.

Rawai Beach → S. 120, C 11
Ruhiger Sandstrand, der flach ins Meer ausläuft. Ideal für Kleinkinder. Leider ist das Wasser oft trübe.

Surin Beach → S. 118, A 6
Idyllischer Strandabschnitt. Schwimmen ist wegen tückischer Strömungen oft nur eingeschränkt möglich. 3

Faszination Tauchen

Unvergleichliche Unterwasserabenteuer verzaubern tagtäglich die Taucher vor den Küsten Phukets.

Über 40 Tauchbasen/-schulen bieten auf Phuket Profis und Einsteigern ihre Dienste an. Sie alle arbeiten nach den weltweiten Standards PADI und CMAS, z. T. auch NAUI. Meist sind sie mehrsprachig, so dass man neben englischsprachigen Basen auch solche findet, die Kurse auf deutsch, niederländisch oder französisch bieten.

»Schnuppertauchen« im Pool

Neben den Angeboten in den großen Tourismusorten und in Broschüren werben viele Basen an den Pools der Hotels. Geboten wird dort meist ein (Gratis-)»Schnuppertauchen« im Pool. Allerdings ist das noch nicht der echte »Kick«, vermittelt aber einen ersten Eindruck. Wer Angstgefühle bekommt, sollte das Vorhaben sorgsam überdenken, denn so fantastisch das Gerätetauchen (»Scuba diving«) auch ist, es birgt nicht zu unterschätzende Risiken. Am besten lässt man sich auch nicht erst in Urlaubslaune zum Tauchen verleiten, sondern überlegt dies schon vorher und konsultiert einen Arzt. Er kann gesundheitliche Beeinträchtigungen diagnostizieren und entsprechende Ratschläge geben. Wer vor der englischen Sprache zurückschreckt, sollte sich vor der Reise nach deutschsprachigen Basen erkundigen (z. B. bei der TAT).

Und dann beginnt endlich das Abenteuer, entweder als Schüler in der Grundausbildung oder als zertifizierter Taucher an den jahreszeitlich besonders geeigneten Plätzen. Grundsätzlich ist die Sicht während der europäischen Sommermonate in der Andamanensee schlechter als zwischen Oktober und April. Tauchen kann man aber auch in dieser ungünstigeren Zeit (Vorteil: kleinere Gruppen, niedrigerer Preise). Achtung! Wenn das Meer zu unruhig erscheint, machen Tauchtouren keinen Spaß. Sparen Sie sich Unwohlsein und Geld, selbst wenn Touren angeboten werden.

Rochen, Muränen und Walhaie

Nur im Training geht es direkt vom Strand aus ins Wasser, alle anderen Tauchgänge erfordern meist eine Anreise mit dem Boot, z.T. als Tagesausflug. Die Unterwasserwelt ist bunt und vielseitig. Papageien- und Clownfische tummeln sich zwischen den Korallen, Rochen gleiten über den Sand, Muränen lauern in Felshöhlungen, gelegentlich geben sich Leoparden- und Schwarzspitzenriffhaie ein Stelldichein, und in den Frühjahrsmonaten kommen auch immer wieder Walhaie auf ihren Wanderungen in die Küstengewässer.

Unmittelbar an der Ostküste lohnt der Besuch von Ko Lipi (Tauchtiefe etwa 20 m) mit einer von Gorgonien besetzten Steilwand. Bei Ko Dok Mai befinden sich die Tauchspots Sharks Point und Anemone Reef (beide etwa 22 m), die für ihre Hart- und Weichkorallen sowie die Leopardenhaie bekannt sind. Nicht weit davon entfernt liegt das Wrack des »King Cruiser« (ca. 30 m), der 1997 gesunken ist und schon jetzt, nach knapp zehn Jahren, eine beeindruckende Tier- und Pflanzenwelt beherbergt. Noch schönere Tauchgänge versprechen Touren zu den Inseln Racha Yai und Racha Noi (beide etwa 30 m) sowie zu den Similan-Inseln, die allerdings oft nur ab Oktober besucht werden können.

Tauchgänge mit Kindern

Ideale Verhältnisse bieten sich auf Phuket auch für das Tauchen mit Kindern. Wer mindestens acht Jahre alt ist und etwas Mut mitbringt, kann den »PADI Bubblemaker« im Pool absolvieren. Diese erste Stufe führt in die Grundbegriffe des Tauchens ein. Der »Junior Open Water Diver« kann ab einem Alter von zehn Jahren erreicht werden. Dazu wird auch im Meer ausgebildet, genauso wie bei den Erwachsenen zum »Open Water Diver«. Allerdings ist die maximale Tauchtiefe auf 11 m begrenzt. Zudem darf nur in Begleitung eines Elternteils und eines Tauchguides getaucht werden. Der Kinderarzt daheim sollte unbedingt die Ohren untersuchen, um Problemen beim Druckausgleich vorzubeugen.

Wer anderen Problemen aus dem Weg gehen möchte, kauft Maske, Schnorchel und Flossen am besten schon daheim, nicht immer sind kleine (alle) Größen überall erhältlich.

Die Unterwasserwelt rund um Phuket gehört zu den interessantesten Tauchgründen ganz Südostasiens.

Familientipps – Hits für Kids

Sonne, Sand, Meer und exotisches Drumherum – der Urlaub mit Kindern wird ein voller Erfolg.

Ob im Pool oder dem meist ruhigen Meer – auf Phuket können sich kleine Energiebündel bei bestem Badewetter nach Lust und Laune austoben.

Wie überall in Asien begegnet man auch in Thailand Kindern mit mehr Aufmerksamkeit und Toleranz als bei uns daheim. Allerdings sind weiße (Klein-)Kinder auf Phuket längst nicht so exotisch wie in anderen Ländern der Region, dazu ist die Insel zu sehr auf Besucher eingestellt. Hochstühle und Kindermenüs sind in fast allen Restaurants Standard. Europäische Küche bzw. europäisierte Gerichte in einheimischen Restaurants umgehen Probleme mit der Nahrungsumstellung. Wenn Sie selbst authentische (scharfe) thailändische Gerichte lieben, aber mit Ihren Kindern zusammen essen gehen möchten, ist das kein Problem. Auf Nachfrage wird man Ihren Kleinen gerne weniger gewürzte Speisen oder weißen Reis, zum Beispiel mit Spiegelei oder Hühnchenfleisch, servieren.

Recht unproblematisch ist auch die Versorgung mit Utensilien für Babys und Kleinkinder. Höschenwindeln, Puder, Cremes etc. bekommen Sie in größeren Supermärkten der Strandorte. Ein noch breiter gefächertes Sortiment bietet der große Tesco Lotus Hypermarkt bei Phuket Town, der sich an der Kreuzung Patong/Phuket Town und der Hauptstraße zum Airport befindet.

Spielzeug ist hier meist bunt, aus Plastik und oft irgendwie kitschig. Nehmen Sie das Lieblingsspielzeug am besten von daheim mit. Aber auch nicht zu viel, denn Ihre Kinder finden hier schnell Anschluss oder erkunden interessiert das Land. Während und nach dem langen, anstrengenden Flug (ideal sind Flüge, die spätabends Richtung Thailand starten und möglichst wenig Zwischenlandungen machen; Ihr Kind kann so nach der ersten Aufregung schlafen und kommt »ausgeruht« auf Phuket an) benötigt Ihr Kind einen ruhenden Pol. Da hilft das Lieblingskuscheltier, das Lieblingsbuch oder -spiel bzw. das eigene kleine Kopfkissen mit dem Lieblingsbezug im Handgepäck.

Kaum ist der Flugstress überwunden, werden Kinder als Erstes versuchen, das Gastland kennen zu lernen. Außer im Straßenverkehr gibt es kaum potenzielle Gefahren. Informieren Sie sich aber im Hotel zum Beispiel über problematische Strömungen im Meer.

So warm es auch sein mag, und so bunt die vielen Früchte auch locken: Wer auf Speiseeis verzichtet, bekommt wahrscheinlich weniger schnell und heftig Durchfall, und wer Früchte vor dem Verzehr schält, meidet damit mögliche Krankheitserreger.

Vorsicht bei Obst und Speiseeis

Niemand sollte sich zu lange ungeschützt der Sonne aussetzen, besonders Kinder sind stark gefährdet, allerdings auch sehr einfach zu schützen. Ein leichtes T-Shirt (auch beim Baden), Sonnenhut und Eincremen mit möglichst hohem Schutzfaktor wirken Wunder.

Auch das gesündeste Kind kann einmal erkranken. Infolge stetiger, starker Klimatisierung sind Erkältungen recht häufig. Denken Sie also daran, Fieberthermometer, fiebersenkenden Saft, Hustenmittel, Pflaster und antibakterielle Mittel in die Reiseapotheke zu packen. Hinzu kommen noch die Medikamente, die der Kinderarzt für ratsam hält, sowie die Prophylaxe vor Tropenkrankheiten (seit Anfang 1995 gibt es auch die Hepatitis-A-Impfung für Kinder).

Unbedingt gehört außerdem ein Mückenschutzmittel ins Gepäck. Mittlerweile gibt es gute, hautverträgliche Produkte. In vielen Unterkünften gibt es Moskitonetze, die aber nur dann wirksam schützen, wenn sie keine Löcher aufweisen. Empfehlenswert: ein eigenes Netz.

Thailand ist schon immer ein ausgesprochen kinderfreundliches Land.

Aquarium (Marine Biological Research Centre)

→ S. 121, E 10

Die bunt schillernde Welt der tropischen Meere zeigen die Aquarien und 4 Tanks, z. T. gibt es auch die Möglichkeit, Seesterne und Seegurken anzufassen. Ergänzend sind ausgestopfte Exponate von Riesenfischen, Schildkröten und Walen zu sehen.

Laem Panwa; tgl. 9–17 Uhr; Eintritt 100 Baht, Kinder 50 Baht

Elefantenritte

An vielen Stellen der Insel besteht die Möglichkeit zum Ausritt auf dem Elefantenrücken. Man sollte sich aber die Preise und das Gelände vorher anschauen. Manchmal sind die Angebote völlig überteuert, manchmal führt die Tour nur durch eine kleine Bananenpflanzung. Interessant sind Tagestouren in den Khao-Sok-Nationalpark, die von vielen Veranstaltern angeboten werden. Als Teil dieser Touren lässt sich fast immer ein (mehrstündiger) Ritt auf dem Elefanten durch den Dschungel arrangieren. Bei der Organisation kann die South Orchid (Thailand) Co. (63/24 Chaofa Rd., Phuket Town, Tel./Fax 076/ 24 82 19, www.nature-travel.org) behilflich sein.

Fantasea

→ S. 118, B 7

In einer spektakulären Show mit tollen Licht- und Toneffekten, Feuerwerk und traditionellem Tanz wird der Abend auf Phuket zu einem Erlebnis der besonderen Art. Allein im Restaurant anbei können gleichzeitig bis zu 4000 Menschen verköstigt werden.

Kamala Beach; tgl. 17.30–22.30 Uhr; Eintritt 1500 Baht, Kinder 1100 Baht

Gibbon Rehabilitation Centre

→ S. 117, D 4

Am Ostrand des dicht bewaldeten **Khao-Phra-Thaeo-Nationalparks** befindet sich die Station, in der versucht wird, bisher gefangen gehaltene Gibbons an ein Leben in Freiheit zu gewöhnen. Neben einer informativen Führung durch das Centre bietet auch der umliegende Wald Raum für spannende Exkursionen. Kühlung verheißt der nahe liegende idyllische Bang-Pae-Wasserfall.

Bang Pae Waterfall, Pa Khlok; tgl. 10–12.30 und 13–16 Uhr; Eintritt frei, Spenden erbeten

Märkte und Nachtmärkte

Bunt sind sie immer, meist auch laut, in jedem Fall aber voller exotischer Eindrücke, gerade für Kinder. Frisches, oft unbekanntes Obst und Gemüse locken die kleinen Abenteurer zu immer neuen Entdeckungen. Hier wird eine Frucht angeboten, dort vielleicht ein Fettgebäck. Kinder werden sich nicht satt sehen können. Nachtmärkte bieten darüber hinaus meist noch Schmuck, Schminkutensilien, oft Plagiate bekannter Markenartikel, Kleidung, Spielzeug, Schuhe und, und, und … Fast täglich erleben Sie irgendwo auf der Insel solch einen Markt. Und wenn nicht, lockt das Glitzermeer des abendlichen Patong.

Phuket Butterfly Garden & Insect World

S. 119, D 7

Hunderte bunt schillernder Schmetterlinge gleiten unter Netzen fast schwerelos durch die Luft. Neben den farbenprächtigen Tieren wird Interessantes über das Leben und die Zucht der Schmetterlinge vermittelt.

Sam Kong Village, 3 km außerhalb des Zentrums von Phuket Town, Yaowarat Rd.; www.phuketbutterfly.com; tgl. 9–17 Uhr; Eintritt 150 Baht

Schnorcheln und Tauchen

Kein Kind wird sich der Faszination der Unterwasserwelt des Landes entziehen können. Kaufen Sie am besten schon daheim Maske, Schnorchel und Flossen, spätestens aber in Bangkok. Wer mindestens acht Jahre alt ist und etwas Mut mitbringt, kann den »PADI Bubblemaker« im Pool absolvieren. Diese erste Stufe bringt Kindern das Tauchen als Sport näher. Ab dem Alter von zehn Jahren kann dann der »Junior Open Water Diver« erreicht werden. Dazu wird schon richtig im Meer ausgebildet, genauso wie bei den Großen zum »Open Water Diver«. Allerdings ist die maximale Tauchtiefe auf 11 m begrenzt. Zudem darf nur in Begleitung eines Elternteils und eines Tauchguides getaucht werden. Am besten fragt man schon zu Hause den Kinderarzt. Er soll unbedingt die Ohren untersuchen, da sonst beim Druckausgleich große Schmerzen auftreten können.

MERIAN-Tipp

4 Pirates Cove in Patong

Ist das Strandleben zu öde, der Sonnenbrand zu arg und sind alle Attraktionen zu weit, so bleibt für Kinder noch die Möglichkeit, sich im Abenteuer-Minigolf-Paradies auszutoben. 36 Parcours sind zu überwinden, Exotisches aus der Zeit der Freibeuter schmückt die Pfade. Die zentrale Lage, nur etwa 200 m hinter dem Holiday-Inn-Hotel, macht es möglich, dass die Kinder hier unbeaufsichtigt spielen können.

Rat Uthit Rd.; Tel. 0 76/34 29 51; tgl. ab 10 Uhr S. 53, b 4

Wer die in Südostasien und Australien beheimateten hübschen Weißen Baumnymphen erleben möchte, hat im Phuket Butterfly Garden & Insect World die Chance dazu.

Unterwegs auf Phuket

Die Inselwelt der Andamanensee ist ein paradiesisches Fleckchen Erde. Immer noch gibt es stille, vom Massentourismus bislang völlig verschont gebliebene Winkel.

Erholung am Strand oder im Spa, abenteuerliche Erlebnisse im Dschungel, atemberaubende Erfahrungen unter Wasser und Einblicke in eine fremde und exotische Kultur – alles ist möglich.

Nai Yang

Einsamkeit, Idylle und schützenswerte Natur kann man hier finden – eine Seltenheit auf der Insel.

Den romantischen Sonnenuntergang genießt man am Nai Yang Beach ganz ungestört. Massentourismus ist hier noch ein Fremdwort.

Nai Yang

→ S. 116, B 3

Im Nordwesten der Insel findet sich einer der ruhigsten Strände Phukets und, zumindest für Naturliebhaber, auch einer der interessantesten. Im Osten und Süden der Bucht haben sich noch Reste des ehemals hier vorkommenden Waldes erhalten, im Norden und Nordosten wird das Land vorwiegend agrarisch genutzt. Bilder von im Reisfeld stehenden Wasserbüffeln lassen sich hier am ehesten knipsen.

Das gesamte Gebiet ist wenig besiedelt, da große Flächen zu Land und Wasser zum **Sirinat National Park** erklärt wurden. Ziel dieses Parks, der eine Fläche von 90 qkm bedeckt und sich auf 13 km am Strand erstreckt, ist es, die einzigartige Flora und Fauna des Küstengebietes zu schützen. Und es gibt viel Schützenswertes: Vor der Küste befindet sich ein ausgedehntes Korallenriff mit den typischen dazugehörigen Lebensformen. Besonderen Reiz üben aber die Meeresschildkröten aus, die hier alljährlich zwischen Dezember und Februar zur Eiablage an den Strand kommen bzw. kommen sollten.

Die touristische Infrastruktur besteht aus zwei größeren Hotels, einigen Bungalowanlagen der unteren Kategorie sowie ein paar Restaurants, ein echtes Nachtleben findet nicht statt. Zudem herrscht Saisonbetrieb. Ende März kehrt hier totale Ruhe ein, das Angebot vieler Leistungen ist dann stark eingeschränkt.

Nai Yang ist ideal für diejenigen, die dem Touristenrummel am liebsten aus dem Weg gehen, und für Familien, denn der flach auslaufende Strand, der durch das Riff und das Kap im Südwesten vor zu heftiger Brandung geschützt ist, bietet auch für Kinder ideale Bademöglichkeiten.

Liebhaber von Strandspaziergängen kommen hier voll auf ihre Kosten, denn der Strand von Nai Yang geht in den Mai Khao Beach über, so dass man von Nai Yang bis zur Sarasin-Brücke am Strand gehen kann (etwa 15 km).

Am Strand von Nai Yang gibt es zwar kaum Kokospalmen, aber dafür wachsen hier Kasuarinen. Sie spenden mehr Schatten als die Kokospalme (ein echter Vorteil), und außerdem können keine herabfallenden Kokosnüsse Sonnenbadende treffen (eine der größten Gefahren der Tropen).

Hotels/andere Unterkünfte

Indigo Pearl

Größte und beste Anlage an diesem Strand. Inmitten eines 35 ha großen Gartens gruppieren sich die Wohneinheiten um Pool und Clubhaus.

Nai Yang Beach; Tel. 0 76/32 70 06, 32 70 15, Fax 32 73 38-9; www.indigo-pearl.com; 243 Zimmer ●●●● CREDIT

Nai Yang Beach Resort

Gemütliche Anlage mit einfachen, dafür aber preiswerten Zimmern.

62/23-24 Moo 1; Tel. 0 76/32 83 00, 32 84 00, Fax 32 83 33; www.naiyangbeach resort.com; 35 Zimmer ●●● MASTER VISA

Garden Cottage

Hübsche Bungalowanlage an der Hauptstraße, etwa zehn Gehminuten vom Strand entfernt.

53/1 Moo 1; Tel. 0 76/32 72 93, Fax 32 72 92; www.garden-cottage.org; 16 Bungalows ●● MASTER VISA

The Golddigger's Resort

Klein, überschaubar und familiär. Leider nicht direkt am Strand.

74/12 Moo 5 Surin Rd.; Tel. 0 76/ 32 84 24, Fax 20 54 58; 8 Zimmer ●● VISA

Nai Yang Banthai

Einfach ausgestattete Hütten.

65/16 Saku Rd.; Tel. 0 76/32 73 93; Fax 32 71 03; 8 Hütten ●

Sirinat National Park Bungalow

Sehr einfach ausgestattete Anlage der Nationalparkverwaltung.

Nai Yang Beach; Tel. 0 76/32 82 26 und 02/ 5 61 29 19, Fax 32 71 52; 5 Hütten ●

Sehenswertes

Eiablage der Meeresschildkröten

Alljährlich zwischen Anfang Dezember und Mitte bis Ende Februar kommen hier die großen Meeresschildkröten (»green turtles«) an Land, um ihre Eier im Sand zu vergraben. Der Sand speichert die Wärme der Sonne und brütet so die Eier in etwa 90 Tagen aus.

Meist kommt es des Nachts zum Schlüpfen der Jungtiere, die dann rasch versuchen, das Meer zu erreichen. Da sich die kleinen Schildkröten auf ihrem Weg zum Wasser anhand der relativen Helligkeit über dem Meer orientieren, sollte man nachts den Strand nicht mit Taschenlampen absuchen, die Jungtiere würden auf diese Weise nur in die Irre geführt. Leider kommen mit jedem Jahr weniger Schildkröten, so dass man schon sehr viel Glück haben muss, wenn man die Schildkröten beobachten will.

Visitor's Centre

Im Besucherzentrum des Sirinat National Park befindet sich ein kleines naturkundliches Museum mit Exponaten der Region. Stücke aus dem Meer verdeutlichen das Zusammenspiel in diesem Lebensraum, z. B. den Bau eines Korallenriffs. Insekten, beispielsweise Schmetterlinge, und andere Kleintiere ergänzen die Ausstellung im Bereich des Lebens an der Küste.

Nai Yang Beach; tgl. 8–12 und 13–16 Uhr; Eintritt frei

Essen und Trinken

The Terrace

Thailändische und westliche Gerichte werden serviert. Entweder setzt man sich dazu in das voll klimatisierten Restaurant oder in den gemütlicheren Garten, der gleich am Meer liegt. Das komplette Abendbuffet kostet 220 Baht pro Person.

Arahmas Resort, Nai Yang Beach Rd.
●●/●●● CREDIT

Octopussy

Überwiegend europäische und amerikanische Grillgerichte.

Nai Yang Beach Rd. ●

Tem Seafood

Spezialitäten sind Fisch- und Krabbengerichte, natürlich thailändisch scharf.

Nai Yang Beach Rd. ●

Einkaufen

Batik

Hier lassen sich erst die Batikkünstler bei der Arbeit beobachten und anschließend schöne Tücher erstehen.

Nai Yang Beach Rd., etwa 50 m südl. der Sunset Bar

Mini Markt

Lebensmittel, Getränke, Süßwaren und deutsche Zeitungen.

Nai Yang Beach Rd.

Souvenirs

Zahlreiche Straßenstände verkaufen von bunten T-Shirts über Zinnprodukte bis hin zu Postkarten alles, was des Urlaubers Herz begehrt.

Am Abend

Beerbar

Die Bierbar des Crown Nai Yang Suites Hotel bietet täglich zur »moonlight hour« (21–23 Uhr) alle Drinks für 50 Baht an.

Crown Nai Yang Suites Hotel (→ S. 37)

Jacob Forster Bar

Drinks unter Palmen am Strand, an der Bar, die einem Schiffsrumpf ähnelt.

Nai Yang Beach Rd.

Service

Autoverleih/Ausflugstouren

Zahlreiche Veranstalter säumen den Straßenrand am Strand. Im Angebot sind sowohl Autos (ab etwa 600 Baht) als auch organisierte Bootstouren.

Hertz

Dieser Autoverleih befindet sich im Indigo Pearl (→ Hotels, S. 37).

Ziele in der Umgebung

Ao Po → S. 117, E 3

Vor dem kleinen Küstendorf im Nordosten befinden sich die etwa 20 Bootsminuten entfernten Inseln **Ko Naka Yai** und **Ko Naka Noi**. Auf beiden werden Perlen gezüchtet. Wer die Tour nicht selbst organisieren möchte, kann auf Tourunternehmen der Hotels zurückgreifen. Kurz vor Ao Po zweigt ein schmaler Weg nach Norden ab. Von hier aus hat man einen herrlichen Blick über die Phang-Nga-Bucht.

Mai Khao Beach → S. 116, B 3

Der 10 km lange, bisher kaum erschlossene Strand erstreckt sich nördlich von Nai Yang Beach. Kasuarinen spenden Schatten am weißen Sandstrand, der nur an Wochenenden bevölkert ist. Ein Picknickkorb und ausreichend Getränke sind empfehlenswert. Bisher gibt es nur ein Hotel, Abgeschiedenheit ist demnach garantiert. Am besten man kalkuliert den Mietwagen im Urlaubsbudget mit ein.

HOTELS/ANDERE UNTERKÜNFTE

J.W. Marriot Resort & Spa

Das Haus bietet jeden erdenklichen Luxus, so dass man hier erholsame (wenn auch nicht sehr preiswerte) Urlaubstage verbringen kann. Herrlich große Zimmer mit großen Badezimmern, und sogar die haben Meerblick!

231 Moo 3, Mai Khao; Tel. 0 76/33 80 00, Fax 34 83 48; www.marriot.com; 265 Zimmer ●●●● CREDIT

Mangroven → S. 117, C/D 3/4

An der Hauptstraße von Nai Yang nach Phuket Town zweigt eine Straße nach Ao Po in östlicher Richtung ab. Bei der ersten Einmündung Richtung Norden stehen an der Küste noch Mangroven,

Sarasin Bridge: Nachts wird hier geangelt.

die mit ihren Stelzwurzeln dem wechselnden Wasserstand bei Ebbe und Flut trotzen. In den Sümpfen leben Fischadler, Reiher, Schlangen, Winkerkrabben und Schlammspringer-Fische, die mithilfe von Wassertanks und speziellen Brustflossen zeitweise an Land leben können – sowie Affen, die Krabben fressen. Bei den Mangroven liegt ein kleines, noch recht ursprüngliches Fischerdorf.

Nai Thon Beach → S. 116, A 4

Klein, aber herrlich idyllisch liegt diese Bucht eingebettet zwischen zwei Kaps südlich von Nai Yang.

Sarasin Bridge → S. 116, B 1

Diese 880 m lange Brücke war die erste Verbindung zwischen Phuket und dem thailändischen Festland. Sie ist ein idealer Punkt, um den Sonnenuntergang zu genießen oder den Anglern bei ihrer Tätigkeit zuzuschauen. Mittlerweile wurde zur Entlastung direkt neben dieser Brücke die neue **Thaothep Kasetri Bridge** erbaut.

Bang Tao

Kilometerlange Sandstrände prägen diese Bucht, stilvoll reihen sich die besten Hotels aneinander.

Das Banyan Tree Phuket (→ MERIAN-Tipp, S. 41) steht für gepflegte Erholung – und zwar nicht nur für internationale Stars. Zu jeder Villa gehören entweder ein Whirlpool oder ein privater Swimmingpool. Entspannung pur!

Bang Tao

---> S. 118, B 6

Karte → S. 43

Bis Ende der Achtzigerjahre war der Strand, der sich etwa 2 km nordwestlich der kleinen Ortschaft Bang Tao erstreckt, vom Tourismus noch weitgehend unberührt. Gut 8 km weißer Sandstrand mit Schatten spendenden Kasuarinen und Kokospalmen, türkisfarbenes Meer sowie die mit tropischem Grün bedeckten Hügel im Hinterland sorgen für ein überaus reizvolles Ambiente.

Ursprünglich wurde in der Umgebung Bang Taos Zinn abgebaut, doch infolge rückläufiger Weltmarktpreise hat der Tagebau dem lukrativeren Fremdenverkehr Platz gemacht. Die durch den Zinnabbau entstandenen Gruben füllten sich mit Wasser. Drumherum legte man Rasenflächen mit tropischen Gewächsen an, nun sind sie Teil der herrlichen Park- und Seenlandschaften der Luxushotels. Auf diese Art entstand der **Laguna-Bereich**, der Tagebaustätten in ansehnliche Teichlandschaften verwandelte. Das Projekt erhielt 1992 den internationalen Umweltpreis. Von den Hügeln hat man eine herrliche Aussicht über weite Kautschukplantagen, ausgedehnte Reisfelder sowie Bang Tao und Choeng Thale. Während Bang Tao der Hauptort der muslimischen Bevölkerung Phukets ist, wohnen im Nachbarort überwiegend Buddhisten. Weithin sichtbares Zeichen Bang Taos ist die große Moschee.

Als Plantagen- und Zinnminenarbeiter kamen Moslems aus Indien und Malaysia nach Phuket und wurden hier sesshaft; sie brachten viel von ihrer Kultur mit: Besucher sollten deshalb außerhalb des Laguna-Bereiches besonders auf die Wahl ihrer Kleidung achten. Allzu »Offenherziges« stößt auf Ablehnung. Hinzu kommt, dass alkoholische Getränke in Bang Tao nicht überall zu erhalten sind, wohl aber im Laguna-Bereich.

MERIAN-Tipp

5 Banyan Tree Phuket

Die Villen im traditionellen thailändischen Stil bieten jeden erdenklichen Luxus auf 170 bis 270 qm. Im privaten Garten findet sich ein Freiluft-Whirlpool oder -Pool. Die neueste Attraktion sind Villen, bei denen ein zweiter (knietiefer) Pool die gläsernen »Wände« des Schlafraumes umgibt.

33 Moo 4, Sri Soonthorn Rd.; Tel. 0 76/32 43 74, Fax 32 43 75; www.banyantree.com; 127 Villen ●●●● CREDIT ---> S. 43, b 1

Hotels/andere Unterkünfte

The Allamanda ---> S. 43, b 1

Die Apartments der Anlage sind mit jedem erdenklichen Komfort ausgestattet und geschmackvoll in thailändischem Stil eingerichtet. Blick auf Lagune und Pool. Die Kochnischen sind besonders für Familien interessant.

29 Moo 4, Sri Soonthorn Rd.; Tel. 0 76/32 43 59, Fax 32 43 60; www.allamanda.com; 256 Wohneinheiten ●●●● CREDIT VISA

Dusit Laguna ---> S. 43, b 1/2

Eingebettet zwischen zwei Lagunen liegt diese Anlage, die zur Gruppe »The Leading Hotels of the World« gehört. Neben den hervorragend ausgestatteten Zimmern bietet die tropische Gartenanlage viel fürs Auge.

390 Sri Soonthorn Rd.; Tel. 0 76/32 43 20, Fax 32 41 74; www.dusit.com; 225 Zimmer ●●●● CREDIT

Sheraton Grande Laguna ---> S. 43, b 1

Der Name ist Verpflichtung zum Luxus. Neben einer eigenen Segel- und Surflagune gehört auch am Pool der Sandstrand dazu. Von jedem Zimmer bietet sich ein herrlicher Blick auf eine Wassergartenparkanlage.

16 Moo 4, Sri Soonthorn Rd.; Tel. 0 76/32 41 01, Fax 32 41 08; www.sheraton.phuket.com; 322 Zimmer ●●●● CREDIT

Das Heroines Monument (→ S. 44) ist das Wahrzeichen Phukets.

Spaziergang

Als Gast des Laguna-Hotels kann man mit dem Gästepass in jedem der etwa 22 Restaurants bzw. Snackbars bargeldlos speisen und so alle Spaziergänge ohne Lunchpaket unternehmen.

Los geht es am Strand des **Laguna Beach Club.** Am **Dusit Laguna** vorbei erreicht man nach etwa 3 km das **Banyan Tree Phuket.** Durch die Anlage geht es zur Lobby. Dabei lohnt sich ein Blick auf den Pool, der mit »jetstream«, verschiedenen Jacuzzis und kleineren Kanälen sicherlich zu den schönsten auf Phuket gehört. Gönnen Sie sich doch einen leichten Snack in der **Spa Lounge** des Banyan Tree. Der Weg dorthin ist leicht: immer den Kanälen folgend nach Osten schwimmen!

Vom Banyan Tree gibt es dann mehrere Möglichkeiten, zum Ausgangspunkt zurückzugelangen. Entweder an der Straße entlang, die zwar von verschiedenen hübsch blühenden Bougainvilleen und Flamboyant-Bäumen gesäumt wird, aber recht wenig Schatten bietet, oder mit dem kostenlosen Shuttle-Tuk-Tuk, oder Sie nehmen das regelmäßig verkehrende Boot auf der Lagune.

Sehenswertes

Moschee ⇢ S. 43, b 3

Die Moschee beherrscht mit ihren Kuppeln, Türmen und maurischen Bögen den Ort. Unübersehbar ist aber auch der Einfluss der einst als Gastarbeiter eingewanderten Malaien. Sarongs (Hüfttücher) und Moslemkäppchen gehören genauso zum Alltag wie das gemütliche Tee- und Kaffeetrinken. Aufmerksame werden auch die malaiischen Sprachfetzen bemerken. Besucher sollten ordentlich gekleidet sein und die traditionellen Gebetszeiten (z. B. Freitag mittags) meiden.

Essen und Trinken

Saffron ⇢ S. 43, b 1

Hervorragende Currygerichte serviert das »In«-Restaurant im Banyan Tree Phuket (→ MERIAN-Tipp, S. 41).

Tel. 0 76/32 43 74 ●●●● CREDIT

Market Place ⇢ S. 43, b 1

Im Stil eines typisch asiatischen Nachtmarktes gibt es unter freiem Himmel exotische Köstlichkeiten.

Sheraton Grande Laguna (→ S. 41);

Tel. 0 76/32 41 01 ●●●

Ruen Thai Restaurant ⇢ S. 43, b 1/2

Thailändische Küche und stilvolle Einrichtung. Serviert wird im klimatisierten Restaurant und auf der Terrasse.

Dusit Laguna Hotel (→ S. 41);

Tel. 0 76/32 43 24 ●●● CREDIT

La Trattoria ⇢ S. 43, b 1/2

Bei italienischem Ambiente mit Blick auf den Sternenhimmel werden Pasta, Pizza und Frutti di Mare serviert.

Dusit Laguna Hotel (→ S. 41);

Tel. 0 76/32 43 24 ●●● CREDIT

Lakeside → S. 43, b 2
Unmittelbar vor den Toren des Laguna-Bereichs erwartet den Gast ein bunter Mix aus asiatischen und westlichen Gerichten. Wer mag, kann den kostenlosen Shuttle-Service nutzen.
Zufahrt zum Laguna-Bereich; Tel. 01/6 06 15 22 ●●/ ●●●

Indiana Café → S. 43, b 2
Gemütliches kleines Restaurant mit indischen Currygerichten und Leckereien für den europäischen Gaumen.
Zufahrt zum Laguna-Bereich; Tel. 0 76/ 32 54 36, 0 14/77 38 80 ●

Einkaufen

Andaman Trade Centre → S. 43, c 2
Wer Perlen, Silber- und Goldschmuck oder Kunstgewerbe sucht, ist inmitten der Kautschukwälder richtig.
108/2 Srisoonthorn Rd.; Tel. 0 76/27 23 04

Canal Village → S. 43, b 2
Das Einkaufszentrum gehört zum Laguna-Bereich. Es gibt Souvenirs, Mini-Supermarkt, Seide, Schmuck, Maßgeschneidertes und Lederwaren. Im Jim Thompson Outlet bekommt man Auslaufmodelle deutlich vergünstigt.
Anfahrt mit dem Shuttle-Bus oder dem Fährboot; tgl. 9–21 Uhr

Thai Crafts Export → S. 43, b 2
Ausgesuchte Stücke für Haus und Garten, meist allerdings nur auf dem Seeweg zu transportieren. Der Transport kann von Deutschland aus organisiert werden.
382/3 Moo 1, Srisoonthorn Rd.; Tel. 0 76/27 00 59

Am Abend

Ein Nachtleben wie etwa in Patong gibt es im Laguna-Bereich nicht.

Horizon Lounge ⇢ S. 43, b 1/2
Genießen Sie in dieser gemütlichen Cocktailbar beim tropischen Drink den herrlichen Blick auf den Sonnenuntergang. Sehr lecker sind Piña Colada oder ein Singapore Sling.
Dusit Laguna (→ S. 41); tgl. 10–1 Uhr

Sabaidee Night Club ⇢ S. 43, b 2
Disco mit überwiegend asiatischem Publikum. Für westliche Besucher aber darum nicht weniger interessant.
Laguna Beach Resort, 323 Srisunthorn Rd.; tgl. 21–1 Uhr

Terrace Bar ⇢ S. 43, b 1
Cocktails und dezente Livemusik, dazu eine erfrischende Meerbrise: Man fühlt sich wie auf einem Schiffsdeck.
Banyan Tree Resort (→ MERIAN-Tipp, S. 41); Sa–Do 10–0.30, Fr 18.30–19.30 Uhr

SERVICE

Auskunft
Alle Hotels halten Broschüren und Karten bereit. Tourbuchungen sind über den Concierge möglich.

Autoverleih
Hertz ⇢ S. 43, b 1
Im Banyan Tree Phuket (→ S. 41)

Öffentliche Verkehrsmittel
Öffentliche Verkehrsmittel fahren nur ab Bang Tao bzw. Choeng Thale. Die Hotels besitzen eigene Flughafenzubringer und organisieren Taxis für Ausflüge nach Phuket Town oder zu anderen Stränden.

Wer öfter das pulsierende Leben der Insel außerhalb des Laguna-Bereichs auf sich wirken lassen möchte, sollte unbedingt in der Kalkulation der Reisekasse an einen Mietwagen denken, denn Taxis sind entsprechend der hohen Kategorie der Hotels recht teuer.

Ziele in der Umgebung

Heroines Monument

⇢ S. 119, D 6

Inmitten der belebten Straßenkreuzung steht als Wahrzeichen Phukets das Heldinnen-Denkmal. Im Jahr 1785 versuchte die birmanische Armee, die Insel zu erobern, scheiterte aber an der erbitterten Gegenwehr der Inselbewohner. Organisiert wurde der Widerstand durch **Khunying Chan,**

Bang Tao ist das Zentrum der Moslems: Hier steht die größte Moschee (→ S. 42) der Insel.

die Gattin des ehemaligen Gouverneurs, und ihre Schwester **Khun Mook**. Ihrer Tapferkeit zu Ehren erhielten sie die Ehrentitel Thao Thep Krasattri (Chan) und Thao Sri Sunthorn (Mook) sowie das Denkmal an der Hauptstraße.

Reisfelder und Kautschukplantagen

S. 118, B 6

Nur wenige Kilometer im Landesinneren erstrecken sich hinter der Bucht von Bang Tao weitläufige Reisfelder und Kautschukplantagen. Ideal für eine mehrstündige Tour ist auch hier ein Mietwagen. Je nach Witterungsverhältnissen fahren Sie am besten von Bang Tao aus kommend an den Hotels **Dusit Laguna** und **Banyan Tree** entlang. Hier zweigt eine kleine Straße in Richtung Westen (Meer) ab. Reisfelder und Plantagen wechseln mit Waldgebieten. Malerisch stehen oder liegen Wasserbüffel in den Reisfeldern oder werden gerade zum Pflügen eingesetzt.

Wenn Sie in der Abenddämmerung unterwegs sind, bestehen gute Chancen, auf der Straße Schlangen zu entdecken, die für die Nacht noch die Wärme des Asphalts »tanken«. Bei **Nai Thon** erreichen Sie wieder die Hauptstraße Nr. 4031, die über Thalang zum Heroines Monument führt.

Thalang National Museum

S. 119, D 6

Das kleine Museum bringt interessierten Besuchern die Geschichte der Insel Phuket näher. Fotos und Zeichnungen, Modelle, Karten und Kunstgegenstände, aber auch Dinge des täglichen Lebens zeigen die (prä-)historische Entwicklung, verdeutlichen das Leben der ethnischen Gruppen und die Plantagenbewirtschaftung Phukets.

MERIAN-Tipp

6 Ausritte zwischen Meer und Wald

Im Galopp geht es über den Strand und durchs aufspritzende Wasser, gemächlich an blauen Lagunen entlang oder im Schritt durch Plantagen und Wälder. Beides bieten die Touren des **Phuket Laguna Riding Club** für Groß und Klein (ab 5 Jahren). Auch Anfänger sind herzlich willkommen, denn Guides und Reitlehrer leisten bei den ersten Reitversuchen Hilfestellung und geben auch unterwegs nützliche Tipps.

394 Moo 1, Bang Tao Beach, Tel. 0 76/ 32 40 99 und 32 41 99, ab 300 Baht pro Stunde S. 118, B 6

Route 4027, vom Kreisverkehr beim Heldinnen-Denkmal nach Osten; Mi–So 9–12 und 13–17 Uhr; Eintritt 20 Baht

Ton Sai Waterfall

S. 119, D 5

Von Thalang aus kommend, überqueren Sie die 402 und folgen ihr Richtung Osten. Am Ende der Straße erreichen Sie dann den **Khao-Phra-Thaeo-Nationalpark**. Am kleinen Informationsbüro (hier erhalten Sie allerlei Broschüren zum Nationalpark sowie seiner Flora und Fauna) steht ein Parkplatz zur Verfügung. Von nun an geht es zu Fuß weiter, zum Teil recht steil bergan. Festes Schuhwerk mit möglichst rutschfester Sohle ist zumindest nach Regenfällen unerlässlich.

Wer mag, kann in dem natürlichen Pool unterhalb des Wasserfalls ein Bad nehmen. Je früher man aufbricht, desto größer sind die Chancen, hier einmal Warane, bunte Vögel oder auch Affen zu sehen. Ein Besuch an Sonn- und Feiertage lohnt sich weniger, da sich dann sehr viele Besucher hier ein Stelldichein geben.

Kamala

Die weite Bucht ist noch weitgehend vom Massentourismus verschont – Phuket, wie es einmal war!

Laem Singh Beach (→ S. 49) – eine versteckte Perle, die von thailändischen Badegästen sehr geschätzt wird. Der 10-minütige Fußmarsch dorthin hält die Massen ab.

Kamala

S. 118, B 7

In der Bucht von Kamala, dem geografischen Mittelpunkt an der Westküste, spielt der Tourismus eine eher untergeordnete Rolle. Während in der benachbarten Bucht von Patong fast rund um die Uhr etwas los ist, herrscht hier, abgesehen von gelegentlichen Strandpartys, weitgehend Ruhe.

Der kleine Ort Kamala, der etwa einen Kilometer vom Strand entfernt liegt, spielt für die Landwirtschaft in der Umgebung eine wichtige Rolle. Die überwiegend moslemische Bevölkerung lebt vom Reisanbau, den Produkten der Kokospalmen und vom Kautschuk. Von der kleinen Moschee des Dorfes klingt mehrmals täglich der Ruf des Muezzins bis zum Strand. Er erinnert die Gläubigen ans Gebet.

Spaziergänge am Strand und Wanderungen im Hinterland ermöglichen Begegnungen mit der einheimischen Bevölkerung: Ob es nun der Kautschukzapfer ist, der mit hohen Stiefeln durchs Gras stapft, der Reisbauer, der im fast kniehohen Wasser steht, um die zarten Setzlinge in den nährstoffhaltigen Schlamm zu stecken, oder das Kind, das Kokosnüsse sammelt oder Wasserbüffel zum Strand treibt – faszinierenden Einblicken steht (fast) nichts im Wege.

Bekannter, darum aber nicht unbedingt wesentlich lebhafter sind die Strände am Laem Singh und von Surin. Hierher kommen zahlreiche Tagesausflügler sowie die Gäste der luxuriösen Hotels am Pansea Beach. Dass eine solche Idylle in den Tropen oft ihre Tücken hat, trifft leider auch in diesem Fall zu, denn das Meer ist hier oft unberechenbar.

Auch am Pansea Beach und am benachbarten **Surin Beach** ist das Baden nur eingeschränkt möglich. Oft kommt es zu starken Wellen und/oder starken Unterwasserströmungen, die auch geübten Schwimmern zum Verhängnis werden können. Sollten Sie in eine Strömung geraten, versuchen Sie keinesfalls, dagegen anzuschwimmen. Es ist am besten, Kräfte schonend parallel zur Küste zu schwimmen, um bei nachlassender Strömung das Ufer zu erreichen.

Hotels/andere Unterkünfte

Kamala Bay Terrace Resort

Diese sehr schöne Anlage befindet sich südlich des Strandes auf der Landzunge. Sehr gut ausgestattete Zimmer mit Meerblick und ein breites Freizeitangebot.

16/12 Moo 6, Kamala Beach; Tel. 0 76/27 98 01, Fax 27 98 32; www.kamalabay.com; 126 Zimmer ●●●● AmEx MASTER VISA

Kamala Beach Estate

Sehr gut ausgestattete Zimmer in hübscher Anlage zum überraschend günstigen Preis.

33/6 Moo 6, Kamala Beach; Tel. 0 76/27 97 56-9, Fax 32 41 15; 29 Zimmer ●●● CREDIT

Thai Kamala Village

Gemütliche Anlage mit akzeptabel ausgestatteten Zimmern am Strand.

93 Moo 3 Rimhad Rd., Tel. 076/27 97 95; Fax 27 97 97; 17 Zimmer ●● MASTER VISA

Spaziergang

Kamalas Büffel

Beim abendlichen Spaziergang am Strand wird die einzige echte Attraktion des Ortes offenbar, die von der langen Geschichte, die vor ungefähr 600 Jahren begann, geblieben ist: badende Wasserbüffel.

Moslemische Abkömmlinge der arabischen Händler für Chinaseide gründeten das Dorf an der Bucht. Sie bestritten ihren Lebensunterhalt bis zum Beginn des 20. Jh. durch den Anbau von Kokospalmen, Reis und Durian. Das Leben änderte sich, als auf Phuket reiche Zinnvorkommen entdeckt wurden. Von Kamala aus begann der Run auf die Vorkommen vor der Küste, der Ort erwachte zu lebhafter Blüte. Die ursprünglich auf den

Surin Beach: nur ideal für's Sonnenbaden, denn ein Bad im Meer ist nicht ungefährlich.

Reisfeldern eingesetzten Wasserbüffel wurden nun genutzt, um das Zinnerz vom Boot zum Verladeplatz zu transportieren. Mit dem Rückgang der Weltzinnpreise erlebte auch Kamala einen Einbruch. Geblieben sind die Landwirtschaft und das allabendlich stattfindende Ritual des Büffelbades im Meer. Unter den wachsamen Blicken der Bullen zieht die Herde über den Strand, ungeachtet der großen und kleinen Hotels, vorbei am Pool oder badenden Gästen, um dann in der Mitte der Bucht selbst das Meerwasser zu genießen.

Sehenswertes

Fantasea

→ Familientipps, S. 32

Essen und Trinken

Toto

Diese sehr hübsche Bar mit gemütlichem Restaurant serviert vorwiegend italienische Gerichte der gehobenen Küche.

121/1 Kamala, Surin Beach; Tel. 0 76/27 14 30 ●●● AmEx MASTER VISA

Paul's Place

Das ruhige, stilvolle Restaurant bietet neben einem herrlichen Blick über die Bucht gute thailändische Küche sowie internationale Gerichte.

Kamala Beach Estate (→ S. 47); Tel. 0 76/27 98 01 ●● AmEx MASTER VISA

Orchid House

Thailändische und französische Küche im kleinen Lokal am Strand.

Tel. 01/8 92 97 57 ●

Einkaufen

Kamala ist kein Ort zum Einkaufen. Wer auf der Suche nach bunten T-Shirts oder Ähnlichem ist, fährt am besten nach Patong oder Phuket Town.

Supermarkt

An der Strandstraße befinden sich drei Minimärkte für den täglichen Bedarf.

Service

Busse

Öffentliche Busse fahren regelmäßig nach Phuket Town. Entlang der Hauptstraße kann man zusteigen.

Ziele in der Umgebung

Laem Singh

S. 118, A 6

Der kleine weiße Sandstrand unterhalb des Löwenkaps liegt eingebettet zwischen Felsen, türkisfarbenem Wasser und dem Grün der Vegetation. In der Hauptreisezeit findet man auch hier schon Getränke und Snackbuden sowie Liegestühle und Sonnenschirme. Parkwächter weisen den Weg für den Abstieg zum herrlichen Badeplatz. Trotz allem: Der Besuch an diesem Strand, der sicherlich zu den schönsten der Insel zählt, lohnt auf jeden Fall.

Anreise: Am einfachsten ist es natürlich, das Kap mit dem gemieteten Fahrzeug zu erreichen. Folgen Sie einfach der Küstenstraße von Kamala in Richtung Norden (Surin Beach, Bang Tao). Es besteht aber auch die Möglichkeit, sich mit einem gecharterten Minibus oder Tuk Tuk hinauffahren zu lassen. Der Rückweg ist dann meist einfacher, da man entweder trampen oder den Service der wartenden Minibusfahrer in Anspruch nehmen kann.

Pansea Beach

S. 118, A 6

Im Norden der Bucht von Kamala liegt der Pansea Beach, dessen weißer feinkörniger Strand in die Felsen des **Son-Kaps** übergeht. So abgelegen dieses Fleckchen ist, so erlesen ist das Publikum, das hier den Freuden tropischer Strände frönt. Internationale Showgrößen wie z. B. Mick Jagger und Claudia Schiffer wohnten bereits hier, genauer gesagt im **Amanpuri Resort** (→ MERIAN-Tipp, S. 13).

Hotels/andere Unterkünfte

The Chedi S. 43, a 2

Die hübsche Anlage schmiegt sich harmonisch an den felsigen Hang. Die gut ausgestatteten Bungalows lassen kaum einen Wunsch unerfüllt. Da die Anlage an den Hang gebaut wurde, gehört Treppensteigen (bis zu einigen hundert Stufen am Tag) zum täglichen Pflichtprogramm.

118 Moo 3, Choeng Thala; Tel. 0 76/32 40 17-20, Fax 32 42 52; www.ghmhotels.com; 108 Bungalows ●●● CREDIT

Essen und Trinken

Beach Restaurant

Frische Waren aus Europa werden hier mit besten lokalen Zutaten zu sehr schmackhaften Gerichten verarbeitet.

Zugang durch das Hotel The Chedi; Tel. 0 76/32 40 17-4 17; Nov.–Mai tgl. 12–16 und 18.30–23 Uhr ●●● CREDIT

Surin Beach

S. 118, A 6

Der Strand des kleinen Ortes Surin lockt vor allem zum Sonnenbaden. Wie am Pansea Beach ist auch hier das Schwimmen nicht gefahrlos möglich, so dass nur wenige Urlauber hier längere Zeit verweilen. Strandspaziergänge oder Mußestunden im Schatten der Kasuarinen lassen sich aber so richtig genießen. 3

Hotels/andere Unterkünfte

Surin Sweet Apartment

Kleine, gemütlich eingerichtete Wohnungen auch für Selbstversorger.

107/5 Moo 3; Tel. 076/27 08 63/-64, Fax 27 08 65 ●● MASTER VISA

Surin Beach Resort

Hübsches Mittelklassehotel mit großem Pool und eher lokalem Publikum.

106/27 Moo 3; Tel. 076/32 50 00, www.surinbeachresort.com; ab ●● CREDIT

Essen und Trinken

Lemongrass

Gemütliches Restaurant nördlich des »Ortskerns«. Hier gibt es vor allem recht traditionelle Thaiküche, die nur leicht auf den europäischen Gaumen abgestimmt ist. Die Dachterrasse bietet einen herrlichen Blick.

Moo 3; Tel. 076/27 65 47 ●● MASTER VISA

Patong

Wer auf Reisen neben der Ruhe am Sandstrand ganztägig Trubel sucht, ist hier richtig.

Das Schildermeer auf Patongs belebter Taweewong Road (→ S. 56) wirbt für die vielen Geschäfte, in denen man von Souvenirs bis zum maßgefertigten Anzug alles bekommt.

Patong

→ S. 118, B 8

Ortsplan → S. 53

Sonne, Sand und Meer, exotisch bunte Farben über und unter Wasser, europäische Küche, auch aus deutschen Landen, sind in dem Ferienort an Phukets Westküste ebenso selbstverständlich wie deutsche Speisekarten und deutsches Bier.

Das Übernachtungsangebot umfasst tausende von Hotelzimmern und Bungalows, die Ausstattung ist einfach bis luxuriös. Restaurants und Garküchen, Bars, Go-go-Bars, Massagesalons und Diskotheken sorgen für Verpflegung und Unterhaltung. Eine unüberschaubare Zahl von Geschäften, die von bunten T-Shirts, Schnitzereien aus Indonesien, Webwaren aus Nordthailand und Myanmar bis hin zu maßgeschneiderten Anzügen und Kostümen so ziemlich die gesamte Palette des möglichen Urlaubsbedarfs abdecken, ergänzen das touristische Angebot. Einer der negativen Nebeneffekte dieser Atmosphäre von Vergnügen und Freizeit ist allgegenwärtige Prostitution.

Die Kultur des Gastlandes sucht man in Patong allerdings vergeblich, und bis auf das Personal im Restaurant oder Hotel bleiben die »farang« (Weißen) unter sich. Möchten Sie etwas vom Leben außerhalb dieser Touristenenklave sehen, bieten sich zahllose »tour-operators« an, die (fast) immer die passende Sightseeing-Tour vermitteln können. Sollte Ihr Wunsch doch zu exotisch ausfallen, bleiben noch Mietwagen oder -motorrad. Auch auf diesem Markt ist das Angebot in Patong riesig.

Hotels/andere Unterkünfte

Impiana Cabana Hotel → S. 53, b 3
Sehr komfortable Zimmer in einer luxuriösen Anlage nah am Strand.
41 Taweewong Rd.; Tel. 0 76/34 01 38-40, Fax 34 01 78; www.phuket.com/cabana; 76 Zimmer ●●●● CREDIT

Holiday Inn Resort → S. 53, b 4
Das Haus der amerikanischen Hotelkette bietet bekannt guten Service.
52 Taweewong Rd.; Tel. 0 76/34 06 08-9, Fax 34 04 35; www.holiday-inn.com; 272 Zimmer ●●●/●●●● CREDIT

Amari Coral Beach Resort → S. 53, a 4
Wunderschöne Anlage im ruhigeren Süden der Bucht.
104 Moo 4; Tel. 0 76/34 01 06-10, Fax 34 01 15; www.amari.com; 197 Zimmer ●●● CREDIT

Club Andaman Beach Resort → S. 53, b 2
Die Zimmer bieten jeglichen Komfort, das Personal ist aufmerksam. Schöne Balkone und eine attraktive Garten-Pool-Anlage. Beliebt bei Reisegruppen.
2 Had Patong Rd.; Tel. 0 76/34 05 30, Fax 34 05 27; www.clubandaman.com; 270 Zimmer ●●● CREDIT

The Royal Paradise Hotel → S. 53, b/c 3
Nicht unbedingt nahe am Strand, dafür aber im alles überragenden Paradise Complex untergebracht.
135/23 Rat Uthit Rd.; Tel. 0 76/34 06 66, Fax 34 05 65; www.royalparadise.com; 248 Zimmer ●●● CREDIT

Baan Sukhothai → S. 53, b 3
Trotz der zentralen Lage ist das Hotel mit seinen gut ausgestatteten Zimmern und allem Komfort recht ruhig.
95 Rat Uthit Rd.; Tel. 0 76/34 01 95-6, Fax 34 01 97; 86 Zimmer ●● AmEx MASTER VISA

Barli House → S. 53, b 4
Familiäre Atmosphäre und funktional ausgestattete Zimmer mit Meerblick.
32–34 Taweewong Rd.; Tel. 0 76/34 14 50, Fax 34 09 55; 14 Zimmer ●● AmEx MASTER VISA

Coconut Village Resort → S. 53, a 4
Gemütliche Zimmer und Pool. Einige Meter vom Strand entfernt.
20 Prachanukrana Rd.; Tel. 0 76/34 01 46-9, Fax 34 01 44; 83 Zimmer ●● AmEx MASTER VISA

Das mit allem erdenklichen Komfort ausgestattete Club Andaman Beach Resort (→ S. 51) ist von einer weitläufigen und sehr gepflegten Parkanlage umgeben.

Patong Bayshore Hotel → S. 53, b/c 2
Funktional ausgestattete Zimmer. Leider fehlt der Meerblick, und der Weg zum Strand ist relativ weit.
32 Rat Uthit Rd.; Tel. 0 76/34 06 02-6, Fax 34 06 07; 56 Zimmer ●● MASTER VISA

PS Hotel → S. 53, b 3
Gemütlich, klein und familiär.
157 Rat Uthit Rd.; Tel. 0 76/34 10 96, Fax 34 10 97; www.pshotel.com; 36 Zimmer ●● AmEx MASTER VISA

Seagull Cottage → S. 53, a 4
Wer es gerne relativ ruhig hat, dem sei dieses Hotel am Südende der Bucht besonders ans Herz gelegt.
40 Taweewong Rd.; Tel. 0 76/29 20 98-9, Fax 29 21 00; 36 Zimmer ●● MASTER VISA

Tropica Bungalow → S. 53, b 3
Gut ausgestattete Zimmer. Zur Anlage gehört auch ein Pool.
94/4 Taweewong Rd.; Tel. 0 76/34 02 04-5, Fax 34 02 06; 80 Zimmer ●● MASTER VISA

Asia Guesthouse → S. 53, b 3
Sehr einfach ausgestattete Übernachtungsmöglichkeit.
127/19 Rat Uthit Rd.; Tel. 0 76/ 34 09 62-3; 33 Zimmer ●

Beau Rivage → S. 53, b 2
Funktional, aber einfach ausgestattete Zimmer in recht zentraler Lage.
54–57 Rat Uthit Rd.; Tel. 0 76/34 07 25, Fax 34 07 85; 20 Zimmer ●

Spaziergang

Ein Spaziergang in Patong gilt in erster Linie dem Kennenlernen der touristischen Infrastruktur. Nutzen Sie dafür am besten den späten Nachmittag und den frühen Abend.

Wir beginnen unseren Spaziergang in der **Taweewong Road**, der Uferstraße, auf der Höhe des Holiday Inn. Bis zur Einmündung in die **Soi Bangla** können Sie entweder auf der Strandseite dem Trubel weitgehend ausweichen oder auf der der Stadt zugewandten Seite an Restaurants, Bars und Geschäften entlangflanieren. Beides hat seinen Reiz, denn schließlich gilt der Strand von Patong als einer der schönsten der Insel. Trotz der Urlaubermassen findet hier jeder ein Plätzchen, und sei es unter einem der bunten Sonnenschirme, die teilweise so dicht beieinander stehen, dass der Strand wie mit einer bunten Stoffbahn überzogen zu sein scheint. Jenseits der Straße gibt es Geschäfte, Bars, Geschäfte und nochmals Geschäfte. Abends öffnen zusätzlich eine Reihe von Verkaufsständen, die typische Touristenartikel anbieten. Fliegende Händler versuchen tagsüber am Strand ihre Waren umzusetzen oder abends den sonnenmüden Heimkehrern auf dem Weg ins Hotel noch schnell etwas zu verkaufen.

Wenige hundert Meter nach dem Holiday Inn gelangen Sie zum **Kepsap Plaza** mit Geschäften, Restaurants – wie dem **Lai Mai** (→ MERIAN-Tipp, S. 54) – und fliegenden Händlern. Die Wechselstube hat auch abends noch geöffnet. Noch etwas weiter befindet sich auf der gegenüberliegenden Straßenseite das Büro der Tourist Police.

In den engen Seitenstraßen **Soi Permpong** und **Soi Post Office** drängen sich meist hunderte von Urlaubern, angelockt von den Angeboten der zahlreichen Maßschneider. Der überall herrschende Lärm, erzeugt von Fahrzeugen und Musikanlagen, steigert sich, je näher Sie der Soi Bangla kommen. Hier beginnt sowohl an der

MERIAN-Tipp

7 Restaurant Lai Mai

Neuankömmlinge und Vorsichtige können hier alle Variationen östlicher und westlicher Kochkunst kennen lernen und genießen. Direkt an der belebten Taweewong Road (Strandstraße) bekommen Sie hier die original thailändische Suppe »tom yum goong«, die aus Garnelen, Ingwer und Zitronengras zubereitet wird, aber auch Pfeffersteak, Pizza, amerikanisches Frühstück und Shish Kebab.

86/15 Taweewong Rd.; Tel. 0 76/ 34 04 60 ●●/●●● CREDIT ⇢ S. 53, b 3

Taweewong Road als auch an der Soi Bangla das Vergnügungsviertel.

Folgen Sie der Strandstraße weiter nach Norden, so wird es nach kurzer Zeit wieder ruhiger, zumal die Durchfahrt nur in einer Richtung gestattet ist. An der **Patong Beach Road** (Soi Thanon Hat Patong) biegen Sie rechts in Richtung Stadt ab.

Über die **Rat Uthit Road** gelangen Sie wieder zum Ausgangspunkt. Rechts und links zweigen Gassen (**Soi Sunset, Soi San Sabai**) ab, deren Existenzberechtigung offenbar nur darin besteht, möglichst viele Bars mit möglichst lauter Musik unterzubringen. Tag und Nacht sind hier Zapfhähne im Einsatz, den unerschöpflichen Durst der Gäste zu löschen. Thai-Mädchen umsorgen allein reisende Herren, in den Open-Air-Bars am Straßenrand noch eher zurückhaltend, weniger scheu dann in den Go-go-Bars und Massagesalons, die hier »massage parlors« heißen. Zwischen diesen Etablissements finden sich etliche Restaurants, oft mit deutschem Namen – kurz, in dieser Gegend von Patong werden alle Vorurteile bestätigt, die man vielleicht schon zuvor hatte.

Erst weiter im Süden, an der Song Roi Pee Road, endet die Amüsiermeile. An der Einmündung zur Soi Kepsap liegt dann die Anlage des **Pirates Cove Minigolfplatzes**, auf dem man zwischen dem Abenteuer und dem Dschungelparcours wählen kann. Über die Soi Kepsap gelangen Sie zurück zum Strand.

Sehenswertes

Floathaven ⇢ S. 53, b 4

Das ultimative Entspannungserlebnis: Man treibt auf einer extrem salzhaltigen Flüssigkeit in einer kleinen Kabine (»Floating«). Berieselt von leiser Musik, ist der Körper scheinbar schwerelos und kann vollständig relaxen.

265 Rat Uthit Rd.; Tel. 0 76/29 30 79; www.floathaven.com

Patong Go-Cart Speedway ⇢ S. 53, östl. c 2

Jenseits der Hügel in Richtung Phuket Town/Kathu rasen die Minirennwagen über die Asphaltbahn.

Vichit Songkhram Rd.; Tel. 0 76/32 19 49; 330 Baht/10 Minuten

Pirates Cove ⇢ S. 53, b 4

→ MERIAN-Tipp, S. 33

Wat Suwan Khiri Wong ⇢ S. 53, c 2

Der kleine Schrein im Nordosten ist so etwas wie das letzte Relikt thailändischer Kultur in Patong.

Phra Barami Rd., Ecke Sai Nam Yen Rd.

Essen und Trinken

Benjarong ⇢ S. 53, a 4

Thailändische Küche der Spitzenklasse im Ambiente eines Gartenpavillons. Reservierung erbeten.

99/4 Taweewong Rd.; Tel. 0 76/34 20 90-4 ●●● DINERS MASTER VISA

Savoey ⇢ S. 53, b 3

Besonders gut sind alle Meerestiere. Reservierung ist ratsam.

136 Taweewong Rd., Tel. 076/ 34 11 70-4, ●●/●●● AmEx MASTER

Baitong ⇢ S. 53, b 3

Meeresfrüchte und Steaks werden auf der Terrasse serviert, Meerblick und

Tanzvorführungen inklusive. Bei Vorlage eines Gutscheins (Touristenfaltkarte) gibt es Ermäßigung.
Patong Beach Hotel; 94 Taweewong Rd.; Tel. 0 76/34 03 01-2 ●● AmEx MASTER VISA

Grillhütte ···› S. 53, b 3
Deutsche und österreichische Gerichte; es wird zünftig mit deutschem Bier, Sauerkraut und Würstchen gefeiert.
142/1 Taweewong Rd.; Tel. 0 76/34 14 56 ●● MASTER VISA

Kwality Indian & Thai Food ···› S. 53, b 3
Sehr gute Gerichte der indischen und thailändischen Küche.
104 Taweewong Rd.; Tel. 0 76/29 40 82 ●●

Tropica ···› S. 53, b 3
Im Garten speist man Thaigerichte, chinesische oder europäische Küche.
132 Taweewong Rd., Tel. 076/ 34 02 04/-05 ●● MASTER VISA

New Dehli Restaurant ···› S. 53, b 3
Zum Duft von Räucherstäbchen und Gewürzen werden Gerichte der südindischen Küche serviert.
89/114 Soi Permpong Patana 3; Tel. 0 76/34 16 91 ●/●● MASTER VISA

The Old Fisherman's ···› S. 53, b 1
Sehr gute Seafood- und Fischgerichte, probieren Sie das Barbecue. Auch das Ambiente dieses Open-Air-Restaurants lässt nichts zu wünschen übrig.
Novotel Phuket Resort, Kalim Beach; Tel. 0 76/34 27 77 ●●● AmEx MASTER VISA

Einkaufen

R. K. Fashions ···› S. 53, b 3
Maßschneiderei mit großer Stoffauswahl. Der Zuschnitt orientiert sich an internationaler Designermode.
89/15 Soi Post Office

J. S. Gems Co. ···› S. 53, b 3
Die Welt der Edelsteine, des Goldes und der Perlen.
98/3 Soi Bangla

Jungceylon ···› S. 53, b 3
Thailands erstes Lifestylecenter hat seit dem 1. Dezember 2006 seine Pforten in Patong eröffnet. Auf 75 000 qm kann der Kunde hier (fast) grenzenlos shoppen.
181 Rat Uthit 200 Pee Rd.; www.jungceylon.com

King's Fashion ···› S. 53, b 3
Elegante und aktuelle Mode aus Wolle, Seide, Kaschmir und Leinen.
83/46 Taweewong Rd.

Ocean Plaza ···› S. 53, b 3/a 4
In den beiden Niederlassungen dieses großen Warenhauses kann man sich gut und preiswert mit Getränken, Süßigkeiten, Arzneimitteln und viele anderen Dinge des täglichen Lebens eindecken.
Ocean Plaza Bangla, Bangla Rd. und Ocean Plaza Taweenwong Rd (im Süden des Strandes)

Ein unterhaltsamer Zeitvertreib für die kühleren Abendstunden am Strand: Beachvolleyball.

Am Strand von Patong (→ S. 51) servieren Restaurants frischen Fisch und Meeresfrüchte.

Taweewong Road → S. 53, a/b 3/4
Sonnenbrillen, T-Shirts, Spielsachen, Jeans, Souvenirs (meist aus dem Norden, Myanmar und Indonesien) sowie Plagiate werden besonders im Bereich der Uferpromenade zwischen dem Holiday-Inn-Hotel und Soi Bangla verkauft.

Am Abend

Baan Rim Pa → S. 53, b 1
Wenn Sie Phuket besuchen, dann gehört das Abendessen im Baan Rim Pa unbedingt zum Programm. Schon der Blick vom hoch gelegenen Restaurant über die Bucht ist einzigartig. Grandios aber sind die Kreationen des Chefkochs, des Begründers der so genannten Thai Cooking School. Auch der Besuch auf einen Drink nach dem Abendessen lohnt in der gemütlichen Piano-Bar. Reservierung erbeten.
100/7 Kalim Rd.; Tel. 0 76/34 07 89

Banana → S. 53, b 3
Hier können Sie im Open-Air-Pub gemütlich unter freiem Himmel ein Bier trinken oder zu den aktuellen Rhythmen tanzen.
Patong Beach Hotel, Taweewong Rd.

Blackbeard's Bar → S. 53, b 4
Typisch amerikanische Bar mit allerlei Snacks und Blick auf den Minigolfplatz Pirates Cove.
Song Roi Pee Rd.

The Hourglass → S. 53, b 1
Sehr hübsche Bar im Novotel Phuket Resort. Genießen Sie Ihren Lieblingscocktail bei herrlichem Blick über die Andamanensee und Patong. Zudem gibt es ab 21 Uhr Jazzmusik live.
Novotel Phuket Resort, Kalim Beach; Tel. 0 76/34 27 77; tgl. 10–1 Uhr

The Islander → S. 53, b 3
»Englischer« Pub mit Satellitenfernsehen, Pool-Billard und Videos.
58/9 Soi Bangla

Rock Hard A-Go-go → S. 53, b 3
Eine der bekanntesten Go-go-Bars in amerikanischem Stil. Laute Rockmu-

sik, Liveshows und Drinks gehören natürlich dazu.
82/51 Soi Bangla/Rat Uthit Rd.

Safari Pub → S. 53, südl. b 4
Disco und Rock-'n'-Roll-Bar im Ambiente einer steinzeitlichen Höhle. Die Angestellten, mit Lendenschurz und Schminke als »Wilde« verkleidet, bedienen sehr zuvorkommend.
Straße Richtung Kata/Karon, ca. 4 km außerhalb von Patong; Tel. 0 76/34 13 10-1

Shark Club → S. 53, b 3
Tagsüber ein Pub, verwandelt sich der Club abends in eine angesagte Disco.
198/4 200 Year Rd., Ecke Soi Bangla

Simon Cabaret → S. 53, a/b 4
Mit perfekten Licht- und Toneffekten präsentiert die Travestietruppe »Cabaret international« ein anerkannt gutes Programm. Reservierung erbeten.
100/6–8 Moo 4, Patong-Karon Rd.; Tel. 0 76/34 21 14; Eintritt 500 Baht

Service

Auskunft

Touristenpolizei
Taweewong Rd.; Tel. 16 99, 076/ 22 53 61

Leihwagen
Ein Ärgernis sind die Lockangebote der Verleihfirmen. Brandneue Fahrzeuge stehen am Straßenrand, und an der Scheibe prangt ein Schild mit einem unglaublich günstigen Mietpreis. Doch das Fahrzeug, das die Verleihfirma dann kommen lässt, entpuppt sich oft als Modell von beträchtlichem Alter.

Medizinische Versorgung → S. 53, b 3
Im AR International Medical Center gibt es einen 24-Stunden-Service. Dank des gut ausgestatteten Labors liegen fast alle Ergebnisse sehr schnell vor. Die nötigen Medikamente bekommt man in der Apotheke, die zur Klinik gehört.
64/11 Taweewong Rd., Soi Kepsap; Tel. 0 76/34 11 59

Öffentliche Verkehrsmittel

Busse
Entlang der Hauptstraßen fahren rund um die Uhr Minibusse. Den Preis sollte man vor der Fahrt aushandeln!

Songthaews
Die umgebauten LKWs fahren von den Hauptstraßen aus regelmäßig nach Phuket Town.

Ziel in der Umgebung

Kathu → S. 118, C 7

Die kleine Ortschaft war früher das Zentrum der Zinngewinnung. Noch heute erinnern die vornehmlich chinesischen Einwohner an die Vergangenheit, waren es doch billige chinesische Arbeitskräfte, die im gefährlichen Tagebau arbeiteten. Von der Hauptstraße zweigt eine Straße nach Norden zum **Kathu- Wasserfall** ab, der inmitten eines kleinen Dschungelgebietes liegt. In der Umgebung des Wasserfalls können Sie Wanderungen im Wald und in den Plantagen unternehmen.

Sehenswertes

Jungle Bungy Jump
Vom etwa 50 m hohen Turm im (freien) Fall Richtung Wasserfläche. Ein Adrenalin förderndes Erlebnis. Wer diesen »kick« mag, ist hier genau richtig. Zuschauer können sich im Restaurant an den Schreien der Springer ergötzen.
61/3 Moo 6, Kathu District; Tel. 00 76/ 32 13 51; wwwphuket.com/bungy; tgl. 11–19 Uhr; pro Sprung 1400 Baht

Phuket Waterski Cableways Park
Auf einem See in der Nähe des Wasserfalls gibt es seit Beginn 1995 die neueste Attraktion: Wasserskifahren ohne Boot. An Seilen werden bis zu 15 Personen (Mindestalter fünf Jahre) gleichzeitig über das Wasser gezogen. 30 Minuten kosten 300 Baht.
86/3 Moo 6 Soi Kathu Waterfall; Tel. 0 76/20 25 25

Kata Yai/Kata Noi

Zwei Traumstrände im Südwesten. Hier genießen Amüsement und Wassersport höchste Priorität.

Segeln ist eine der vielen Sportmöglichkeiten in der schönen Kata-Bucht. Auf dem türkisfarbenen Wasser ist dieser Sport ein herrliches Vergnügen.

Kata Yai/Kata Noi

→ S. 120, B 10
Ortsplan → S. 61

Nur eine kleine hügelige Landzunge trennt die beiden Strände der Kata-Bucht. Während der kleinere Kata Noi Beach (»noi« bedeutet klein) so etwas wie der ruhende Pol der Bucht ist, pulsiert das (Urlaubs-)Leben am benachbarten Kata Yai Beach (»yai« bedeutet groß).

Besucher erkannten den Wert der beiden schönen Strände, es folgten einfache Bungalowanlagen, die später größeren Hotelanlagen weichen mussten. Mittlerweile sind die Strandbereiche weitgehend bebaut, allerdings mit eher unaufdringlichen Gebäuden, die sich weitestgehend harmonisch ins Landschaftsbild eingliedern. Nicht gerade zurückhaltend, allerdings auch nicht so lärmend wie Patong, zeigt sich das Angebot für Touristen. Hier gibt es alle Urlaubsmöglichkeiten, aber eben dezenter.

Am Kata Noi Beach dominiert die Hotelanlage **Kata Thani**, die weitgehend von Pauschalurlaubern belegt wird, am Kata Yai Beach befinden sich zahlreiche Bungalowanlagen, wobei hier der **Club Med** den größten Bereich für sich beansprucht. So wie dieser Club als Synonym für sportliches Ambiente im Urlaub steht, so gilt auch der gesamte Kata Beach als Treffpunkt für Aktivurlauber in Sachen Wassersport. Sei es nun Surfen, Segeln, Schnorcheln, Parasailing oder Jet-Ski-Fahren, jede Sportart ist hier vertreten.

Besonders reichlich ist die Auswahl an Tauchschulen, auch deutschsprachigen, die mit international anerkannten Zertifikaten zum Unterwassersport einladen. Besonders geeignete Tauch- und Schnorchelspots befinden sich im Bereich des Kaps zwischen den Stränden, am nördlichen Rand der Kata-Bucht und bei der vorgelagerten Insel **Ko Pu**.

Wie an einigen anderen Stränden Phukets gibt es auch im Bereich der Kata-Bucht während der Monsunzeit heftigen Wellengang, teils gefährliche Unterwasserströmungen und vermehrtes Aufkommen von Teerrückständen am Strand.

Hotels/andere Unterkünfte

Kata Noi Beach

Katathani Phuket Beach Resort → S. 61, b 3
Sehr gut ausgestattete Zimmer mit Meer- oder Gartenblick, schöne Park- und Poolanlagen sowie ein gutes Wassersportangebot (mit eigener Tauchschule) machen den Aufenthalt zum Genuss. Ideal für Pauschalurlauber, die die Nebensaison nutzen.
14 Kata Noi Rd.; Tel. 0 76/33 01 24-6, Fax 33 04 26; www.phuket.com/katathani; 479 Zimmer ●●● AmEx MASTER VISA

Kata Noi Club → S. 61, b/c 4
Einfache Bungalows am südlichen Ende des Strandes.
3/25 Patak Rd.; Tel./Fax 0 76/33 01 94; 20 Bungalows ●

Kata Noi Riviera Bungalows → S. 61, c 3
Saubere, einfache Bungalows, die leider nicht direkt am Strand liegen.
3/21 Patak Rd.; Tel. 0 76/33 07 26, Fax 33 02 94; 35 Bungalows ●

Kata Yai Beach

Kata Beach Resort → S. 61, b/c 2
Direkt am Strand befindet sich das Hotel mit unterschiedlich luxuriös ausgestatteten Zimmern und entsprechenden Preisunterschieden.
5/2 Patak Rd.; Tel. 0 76/33 05 30-4, Fax 33 01 28; www.katagroup.com; 267 Zimmer ●●●● CREDIT

Mom Tri's Boathouse Inn → S. 61, b 2
Schöne Zimmer direkt am Strand.
2/2 Patak Rd.; Tel. 0 76/33 00 15, Fax 33 05 61; www.theboathousephuket.com; 36 Zimmer ●●●● CREDIT

Kata Garden Resort → S. 61, b 1
Die komfortablen Bungalows liegen inmitten eines sehr schönen Gartens am Hang.
121/1 Moo 4 Patak Rd.; Tel. 0 76/33 06 27, Fax 33 04 66; www.katagardenphuket.com; 53 Bungalows ●● AmEx MASTER VISA

Peach Hill Hotel & Resort → S. 61, b 1
Komfortable Zimmer, gute Restaurants und zwei Pools machen das Hotel in dieser Preisklasse fast unschlagbar.
113/16–18 Patak Rd.; Tel. 0 76/33 06 03, Fax 33 08 95; www.peach-hill.com; 211 Zimmer ●● MASTER VISA

Whitehouse Inn & Restaurant → S. 61, b 1
Das gemütliche Hotel liegt nur drei Minuten vom Strand entfernt, jenseits der Straße. Die komfortablen Bungalows (mit Kühlschrank und Heißwasserdusche) sind auch während der Saison noch recht preisgünstig.
114 Patak Rd.; Tel. 0 76/33 04 05, Fax 33 06 89; 17 Bungalows ●/●● MASTER VISA

Friendship Bungalows → S. 61, c 2
Saubere und einfache, aber funktional ausgestattete Bungalows jenseits der Strandstraße.
117/7 Koktanod Rd.; Tel. 0 76/33 04 99, Fax 33 01 66; 24 Bungalows ●

Spaziergang

Beide Strandabschnitte zu erwandern ist eine recht schweißtreibende Angelegenheit, da zwischen Kata Noi und Kata Yai eine Anhöhe liegt, die überwunden werden muss. Zumindest für einen Weg lohnt sich deshalb ein Tuk Tuk oder ein privates Taxi auf jeden Fall.

Beginnen Sie Ihre Wanderung am südlichen Ende der Bucht an der Anlage des **Kata Thani Hotels**. Am Strand entlang geht es zunächst bis zum Haupteingang dieser Anlage und von dort zur Straße, denn nur hier ist ein Durchgang möglich. Nun gilt es, das bewaldete Kap zu überwinden. Eigentlich ist die Steigung nicht sehr stark, doch bei der feuchten Hitze Phukets kommt man ziemlich ins Schwitzen. Oben entschädigt dann aber der Blick über Bucht und Meer. Folgen Sie der Straße, die hinab nach **Kata Yai** führt, und halten Sie sich an der nächsten Abzweigung links. Rechts führt die Straße zum einige Kilometer entfernten Nai Harn Beach.

Am **Boathouse Inn** müssen Sie sich entscheiden, ob Sie weiter am Strand entlangwandern oder ob Sie lieber der Straße folgen wollen, vorbei an Boutiquen, Bars und Restaurants. Fällt die Entscheidung noch schwer, nehmen Sie vielleicht erst einmal ein kühles Getränk in der Bar des **Boathouse Inn** zu sich. Im Übrigen besteht auch die Möglichkeit, jederzeit vom Strand aus zur Straße zurückzukehren.

Während am Strand die Wellen ruhig plätschernd den Sand erreichen, zeigt der »Ort« **Kata Yai** deutlich, dass er aufgrund des Tourismus entstanden und gewachsen ist. Bierbars und Restaurants mit Speisen aus aller Welt, Tourveranstalter und Souvenirshops reihen sich aneinander. Unübersehbar sind die Angebote von Tauchschulen und allen anderen Arten von Wassersport. Insgesamt hat man sich hier auf die jüngere Kundschaft eingerichtet.

Am nördlichen Ende der Bucht angelangt, fällt der Blick auf die kleine Koralleninsel **Ko Pu** und das **Kap Sai**, das diese Bucht von der benachbarten Karon-Bucht trennt.

Sehenswertes

The Boathouse Gallery → S. 61, b 2
Im monatlichen Wechsel finden in den Räumlichkeiten des Restaurants Ausstellungen einheimischer und internationaler Künstler statt. Es gibt keinen einheitlichen Themenschwerpunkt, vielmehr sollen die Exponate aus den Bereichen Malerei, Fotografie und Bildhauerei stets neue und interessante Akzente setzen.

2/2 Patak Rd.; Informationen unter Tel. 076/33 00 15; tgl. geöffnet; Eintritt frei

Dino Park S. 61, b 1

Direkt am Marina Cottage entstand eine neue Abenteuerminigolfanlage mit Fabelwesen, Dinos etc. Stichwort »Jurassic Park«. Neben Minigolf gibt es auch ein Food Centre.

Tgl. ab 10 Uhr; Eintritt 200 Baht

Viewpoint S. 61, c 4

Einige Kilometer südlich der Kata-Bucht erreicht die Straße einen erhöhten Aussichtspunkt direkt an der Steilküste. Von hier aus ist der Ausblick auf Meer und Küste zwar nicht so spektakulär wie am Kap Promthep, dafür gelingen hier Aufnahmen von Sonnenuntergängen, ohne dass ständig jemand durchs Bild huscht.

Das Nachtleben in Kata findet vornehmlich unter freiem Himmel statt.

Essen und Trinken

The Boathouse → S. 61, b 2
Das Lokal mit internationaler Küche hat das Ambiente eines Seglertreffpunkts.
2/2 Patak Rd.; Tel. 0 76/33 00 15-17
●●●● AmEx MASTER VISA

Kata Kitchen Restaurant → S. 61, c 2
Gemütliches Thai-Restaurant mit sehr gutem Sea Food, das Speisen auch für den europäischen Gaumen anbietet.
Kata Rd. Ecke Khok Tanot Rd., Tel. 0 76/28 43 27 ●● MASTER VISA

Lacanda → S. 61, c 2
Fondues, Raclette und andere Spezialitäten der Schweizer Küche, gemischt mit diversen Thai-Gerichten.
117/1 Patak Rd.; Tel. 0 76/33 00 87 ●● AmEx VISA

Gung Cuisinse Thaie → S. 61, b 2
Die preiswerte Alternative zum Boathouse nebenan. Serviert werden Thai-Gerichte und Seafood.
182 Koktanod Rd.; 0 76/33 00 15-17 ●● AmEx VISA

Lobster & Prawn → S. 61, b 1
Der Schwerpunkt liegt auf Seafood-Spezialitäten der thailändischen und chinesischen Küche. Besonderer Gag: Im Umkreis von 5 km gibt es einen kostenlosen Außer-Haus-Service.
114/28–29 Kata Centre; Tel. 0 76/ 33 06 19 ●● AmEx MASTER VISA

Two Chefs Bar & Grill → S. 61, b 2
Billy und Daniel heißen die beiden Chefs, die zusammen mit ihrem Oberkellner Henrik ihren Gästen Spezialitäten aus Thailand und Skandinavien sowie Tex-Mex-Gerichte servieren.
5/6 Moo 2 Patak Rd.; Tel. 0 76/28 41 55
●● VISA

Las Margaritas Grill & Cantina → S. 61, nördl. b 1
Hier wird großen Wert auf eine möglichst authentische mexikanische Küche gelegt. Man bekommt aber ebenso Gerichte der neuen kalifornischen Küche, aus Europa und natürlich aus Thailand.
33/99 Patak Rd.; Tel. 0 76/39 62 17 ●/●● VISA

Einkaufen

Waren aller Art, von Medikamenten über Lebensmittel, Uhrenplagiate und T-Shirts sowie Wassersportzubehör, sind in den zahlreichen Geschäften im Kata-Centre-Bereich erhältlich.

Good Earth Book Shop ⇢ S. 61, b 1

Secondhand-Bücher auf Englisch, Deutsch und in anderen Sprachen, dazu gibt es Julies hausgemachte Kuchen, Kaffee und Tee.

114/52 Patak Rd. Kata Centre

Island Suit ⇢ S. 61, c 2

Eine mehr als 25-jährige Schneiderhandwerkserfahrung zeichnet die Betreiber dieses Unternehmens aus. Sie versprechen Mode der neuesten Kollektionen, benötigen allerdings mindestens drei Tage für ihre Arbeit. Auch hier ist Anprobe im Hotel möglich.

6/29–30 Patak Rd., Kata Plaza; Tel. 0 76/33 08 09

The Bikini Shop ⇢ S. 61, b 2

Überwiegend Bademoden für Frauen, aber auch Männer und Kinder können hier im Bereich Strand- und Badebekleidung fündig werden.

Patak Rd., vor dem Club Med; Tel. 0 76/33 31 33

Zhen & Fei Souvenir ⇢ S. 61, b 1

Wer den Koffer noch nicht voll hat und/oder Mitbringsel für die Lieben daheim sucht, wird hier sicherlich fündig.

114/8 Kata Centre

Am Abend

Anchor Pub ⇢ S. 61, b 1

Britisches Ambiente inklusive Dartscheibe und Satelliten-TV für Sportübertragungen aus aller Welt; europäisches Frühstück und Snacks.

109/9 Moo 4, Patak Rd., Kata Centre; tgl. ab 9 Uhr

Bluefin Tavern ⇢ S. 61, b 1

Videoclips, Bier und typisch amerikanische Snacks zeichnen die »einzige amerikanische Bar in Kata« aus.

111/17 Taina Rd., Kata Centre; tgl. ab 11.30 Uhr

The Gallery ⇢ S. 61, b 2

Gute Weine und Cocktails, ein herrlicher Blick auf die Bucht und Livemusik, ideal für einen tropischen Abend.

The Boathouse, 2/2 Patak Rd.; tgl. ab 12 Uhr

Service

Auskunft

Kata Centre Service ⇢ S. 61, b 1

Informationen, Flugbestätigungen, Überseegespräche und Faxservice.

Kata Centre Rd.

Post ⇢ S. 61, c 2

An der Patak Rd.

Ziele in der Umgebung

Karon Beach ⇢ S. 120, B 9/10

Kilometerlanger Sandstrand, eine Küstenstraße und wenige Hotels, die zentral in der Nähe des Kreisverkehrs liegen: Verglichen mit Patong geht es in der Bucht im Norden von Kata eher gemächlich zu – lediglich der Autoverkehr stört die Ruhe. Neben viel Sand, Wellen und wenig Schatten spendenden Bäumen bietet der Strand allerhand für die Urlaubs-(Frei-)zeit: Jetski, Parasailing, Wasserski und Surfen sind hier beliebt und zumindest außerhalb der Regenzeit auch gut möglich, da die weite Bucht genügend Platz bietet, so dass sich Schwimmer und andere Wassersportler nicht ständig in die Quere kommen.

Sonst ist aber wenig los. Die Möglichkeit, das Gastland kennen zu lernen, beschränkt sich hier auf Folkloredarbietungen in Hotels, da der »Ort« erst mit den Hotels entstand. Der Besuch lohnt für jene, die im Urlaub eher ihre Ruhe haben möchten und sich ein Auto mieten, um auf Tagestouren die Umgebung zu erforschen.

Hotels/andere Unterkünfte

Hilton Phuket Arcadia Resort & Spa
Der Rundbau des luxuriösen Hauses dominiert den Blick auf die Bucht. Trotz der Größe strahlt das aus mehreren Flügeln bestehende Hotel inmitten einer beeindruckenden Gartenanlage viel Charme aus. Dazu tragen auch die Poolanlagen bei, die sowohl Ruhe suchenden Sonnenanbetern als auch aktiven Familien etwas bieten. Jeder findet hier Platz, und man kann auch immer irgendwo abgeschieden auf dem Rasen einen ruhigen Ort ergattern. Absolute Entspannung bietet der großzügige Spa-Bereich, der erst 2006 in Villen auf einer kleinen Insel im hoteleigenen See eröffnet wurde. Hier erfährt man uneingeschränkte Wellness zu einem angemessenen Preis.
333 Patak Rd.; Tel. 0 76/39 64 33-41, Fax 39 61 36; www.hilton.com; 685 Zimmer ●●●● CREDIT

Le Méridien Phuket Beach Resort
Luxusurlaub ist hier garantiert. Die harmonisch ins Landschaftsbild eingefügte Anlage liegt in ihrer eigenen kleinen Bucht nördlich von Karon, verfügt über sehr gut eingerichtete Zimmer, eine eigene Tauch- und Segelschule sowie einen herrlichen tropischen Poolbereich.
8/5 Tambol Karon Noi; Tel. 0 76/37 01 00, Fax 34 04 79; www.lemeridien-phuket.com; 470 Zimmer ●●●● CREDIT

Felix Karon View Point
Leider liegt das etwas in die Jahre gekommene Hotel im Norden der Bucht abseits des Ortes.
568 Patak Rd.; Tel. 0 76/39 66 66-75, Fax 39 68 53; 119 Zimmer ●●● AmEx MASTER VISA

Marina Cottage
Modernster Komfort inmitten tropischer Vegetation.
119 Moo 4, Karon Beach; Tel. 0 76/33 06 25, Fax 33 05 16; 104 Zimmer ●●● CREDIT

Golden Sand Inn
Kleine, gemütliche und saubere Anlage in Zentrumsnähe.
8/6 Moo 1; Tel. 0 76/39 64 93-5, Fax 39 61 17; www.phuket.com/goldensandinn; 74 Zimmer ●● AmEx MASTER VISA

My Friend House
Freundliche, kleine Anlage mit akzeptabel ausgestatteten Zimmern.
36/6 Patak Rd.; Tel. 0 76/39 63 44, Fax 39 61 61; 47 Zimmer ●/●● VISA

Essen und Trinken

Thai Thai
Hervorragende landestypische Küche in traditionellem ruhigen Ambiente.
333 Patak Rd., Karon Beach; Tel. 0 76/39 64 33 ●●●● CREDIT

San Marino
Hier beschränkt sich die italienische Küche nicht nur auf Pizza und Pasta, sondern bietet auch hervorragendes Seafood, leckere Desserts und natürlich Espresso oder Cappuccino.
33 Patak Rd., Karon Beach; Tel. 0 76/39 64 33 ●●●/●●●● CREDIT

Al Dente
Leckere italienische Pizza und Pasta.
35/7-8 Patak Rd.; Tel. 0 76/39 65 96 ●●● AmEx MASTER VISA

Old Siam
Hervorragende Thaiküche im Ambiente eines traditionellen Dorfes mit herrlichem Meerblick.
311 Patak Rd. (neben dem Hilton Phuket Arcadia); Tel. 0 76/39 60 90 ●●●

Angus O'Tools
Irischer Pub und Restaurant mit sehr guter Bar und europäischen Gerichten.
316/20 Patak Rd., Soi Islandia; Tel. 0 76/39 82 62 ●● AmEx VISA

Bondeli
Stets frisches Gebäck und Kuchen sowie Kaffee im Ausschank.
33/93 Patak Rd.; Tel. 0 76/39 64 82 ●●

Das Hilton Phuket Arcadia Resort & Spa bietet einen herrlichen Ausblick auf die Bucht.

Karon Café
Hier gibt es hervorragende Steaks, Salate und Sandwiches.
Am Kreisverkehr in Karon;
Tel. 0 76/39 62 17 ●● VISA

The Little Mermaid
Skandinavische Küche mit thailändischem Einschlag. Logisch, dass es hier Carlsberg-Bier vom Fass gibt.
36/10 Patak Rd.; Tel. 0 76/39 66 28 ●●
AmEx MASTER VISA

Patrick's Belgian Restaurant
Belgische und internationale Küche. Probieren Sie einmal »kaaskroketjes« oder »stoofvlees met frietjes«.
33/45 Patak Rd.; Tel. 0 76/39 64 49 ●●
AmEx MASTER VISA

Ruenthai Seafood
Typisch thailändische Gerichte.
Am Kreisverkehr in Karon;
Tel. 0 76/39 65 87 ●● MASTER VISA

Einkaufen

Viele Läden und fliegende Händler befinden sich in der Umgebung des Kreisverkehrs. Hier bekommen Sie nahezu alles, was das Herz begehrt.

Kairali
Handgewebtes aus Wolle und Seide sowie andere Souvenirs.
89/17 Patak Rd., nahe der Post

Srirung
Schnitzereien aus Sandelholz und Teak, Bronze- und Sandsteinskulpturen. Diese Kunst hat selbstverständlich auch ihren Preis.
64/28 Karon Plaza; tgl. 10–23 Uhr

Ko Pu

→ S. 120, B 10

Die kleine Koralleninsel im Nordwesten der Kata-Bucht ist ein beliebtes Ausflugsziel für Schnorchel- und Tauchtouren. Mit dem gecharterten Boot oder einer organisierten Tour können Sie hier stundenlang auf dem Meer dümpeln, baden und ausruhen, Reihenfolge beliebig. In das Ausflugsgepäck gehört aber auf jeden Fall Sonnenschutz und Getränke!

Nai Harn

Die ruhige Bucht Nai Harn ist das Ziel der Jacht-Fans bei der alljährlichen Kings-Cup-Regatta.

Wahrlich königlich: Mit Blick aufs Meer und unter freiem Himmel lässt es sich im Royal Spa des Le Royal Méridien Phuket Yacht Clubs fürstlich entspannen.

Nai Harn

⇢ S. 120, B 11

Der südlichste Strand der Westküste Phukets liegt geschützt im tiefen Einschnitt zwischen **Kap Mum Nok** und dem beliebten **Kap Promthep**. Durch die relative Abgeschiedenheit war diese Bucht zunächst ein Geheimtipp von Globetrottern und Aussteigern. Mitte der 1980er-Jahre erkannte der Luxustourismus den Wert dieser Bucht und errichtete hier den **Le Royal Méridien Phuket Yacht Club**. Diese überaus luxuriöse Ferienanlage dominiert heute diese Gegend der Insel. Hier treffen sich ganzjährig Segelenthusiasten aus aller Welt, wobei der absolute Höhepunkt die alljährlich im Dezember stattfindende **Kings-Cup-Regatta** ist.

Die zerklüftete Küste sowie das teilweise von Sekundärwald, teilweise von Kautschukplantagen bewaldete Hinterland eignen sich für Wanderungen und Ausflüge mit dem Pferd (nur 2 km vom Strand entfernt liegt der **Crazy Horse Club**). Die Freunde von Strand und Meer kommen hier ebenfalls voll auf ihre Kosten. Während sich im Norden der Bucht zumindest in den Monaten der Hochsaison die Gäste des Jachtklubs tummeln, herrscht am südlichen Strandabschnitt weitgehend Ruhe. Nahezu unberührte Buchten liegen nördlich des Jachtklubs und südlich der eigentlichen Nai-Harn-Bucht, die man über die Straße zum Kap Promthep erreicht.

Richtig romantisch wird es dann (fast) jeden Abend, wenn die Sonne glutrot im Wasser versinkt. Da der Sonnenuntergang von hier aus fast so schön zu beobachten ist wie vom benachbarten Laem Promthep aus, ist diese Bucht also eine echte Alternative für Romantiker und Ruhe suchende Genießer, die das herrliche Schauspiel nicht mit hunderten, zum Teil lautstark ihre Begeisterung zum Ausdruck bringenden Zuschauern teilen möchten. Eher erlebnishungrigen Urlaubern sei allerdings empfohlen, die Bucht von Nai Harn nur als Ausflugsziel ins Urlaubsprogramm aufzunehmen, da zum Beispiel Nightlife nicht existiert.

Hotels/andere Unterkünfte

Le Royal Méridien Phuket Yacht Club
Eine der schönsten Anlagen auf Phuket, die seit 1996 zur Gruppe der »Leading Hotels of the World« gehört. Die sehr gut ausgestatteten Zimmer (mit großer Loggia) befinden sich in an den Hang gebauten Gebäudeteilen mit herrlichem Blick aufs Meer und das Kap Promthep.
23/3 Vises Rd.; Tel. 0 76/38 02 00, Fax 38 02 80; www.lemeridien-phuket.com; 110 Zimmer ●●●● CREDIT

Jungle Beach Resort
An diesem exotischen »Ende der Welt« ist man erst mit dem Mietwagen so richtig zu Hause. Anreise: Zunächst fahren Sie durch den »Keller« des Jachtklubs. Doch keine Angst, Sie sind hier genau richtig! Dort, wo die Piste endet, erwarten zwischen dem Dschungel und einer kleinen Strandbucht rustikale Holzbungalows den Gast. Unbedingt Insektenschutz einpacken!
11/3 Viset Rd.; Tel. 0 76/28 82 64 und 28 83 41, Fax 38 11 08; E-Mail: jbrphuket @hotmail.com; 36 Bungalows ●● AmEx MASTER VISA

Nai Harn Beach Resort
Saubere und gut ausgestattete Bungalows, die etwa 1 km vom Strand entfernt sind.
14/29 Moo 1; Tel. 0 76/38 18 10, Fax 21 46 87; 20 Bungalows ●

Orchid Bungalows
In der Nähe der Lagune (Achtung! zeitweise viele Mücken!), aber trotzdem nicht weit zum Strand.
13/2 Viset Rd.; Tel./Fax 0 76/38 13 96; 5 Bungalows ●

Zur Kautschukgewinnung wird die Rinde des Baums angeritzt.

Spaziergang

Rundwanderungen oder gar Spaziergänge, bei denen am Wegesrand großartige Sehenswürdigkeiten besichtigt werden können, gibt es nicht. Sie können aber Strandspaziergänge unternehmen, bis zum Jungle Beach Resort wandern oder den etwa eineinhalbstündigen Weg zum Kap Promthep in Angriff nehmen.

Ausgangspunkt eines schönen Spaziergangs ist der **Yacht Club**. Folgen Sie der Straße durch die Anlage und das Kellergeschoss hindurch. Nach wenigen hundert Metern endet die asphaltierte Straße, eine schlaglochübersäte Piste beginnt.

Meist direkt an der Küste entlang ergeben sich gute Möglichkeiten, die Vegetation von Phuket näher kennen zu lernen. Oft lassen sich hier kleinere Echsen, mit viel Glück auch Schlangen beobachten. Seevögel kreisen scheinbar schwerelos über dem Ozean, in den Bäumen rauscht ein beständiger Seewind. Schließlich mündet der Küstenweg in den Wald, der hier überwiegend aus Sekundärvegetation und Kautschukbäumen besteht, deren Größe beeindruckend ist.

Im **Jungle Beach Resort** angekommen, können Sie sich mit Blick aufs Meer bei einem kühlen Drink erfrischen. Zurück am Jachtklub, folgen Sie nun der Straße, die nach Osten von der Küste wegführt. Kurz hinter dem Strand befindet sich rechts an der Straße ein kleiner Tempel, in dem ein Mönch Interessierte in Buddhas Lehre unterweist. Besucher sind stets willkommen. Nur wenige Meter weiter liegt ein See mit unzähligen Fröschen, die nachts laut quakend das Ufer bevölkern. 6

Hinter dem See gabelt sich die Straße. Wenn Sie zum Kap Promthep wollen, müssen Sie sich jetzt rechts halten, dann gleich noch einmal rechts abbiegen und dann links bergauf. Die Wanderung führt nun immer weiter zum Kap hinauf. Gegen Abend sieht man hier recht oft Affen sowie Schlangen, die auf dem Straßenbelag Wärme für die Nacht auftanken. Nach etwa eineinhalb Stunden erreichen Sie schließlich das Kap, von wo aus Sie einen herrlichen Blick über die Küste haben.

Sehenswertes

Laem Promthep

Allabendlich versammeln sich hunderte Einheimischer und Touristen am »Löwenkap«, um von diesem südlichsten Kap Phukets das farbenprächtige Schauspiel des Sonnenunterganges zu beobachten. Fahrbare Garküchen und Getränkestände sorgen dafür, dass auch das leibliche Wohl nicht zu kurz kommt. Am Aussichtspunkt selbst befindet sich zudem ein kleiner Schrein, vor dem Thais um positive Wendung ihres Schicksals bitten.

Tempel
Der kleine buddhistische Schrein, der nur wenige Meter vom Strand entfernt im Wald steht, wird von einem einzelnen Mönch beaufsichtigt, der hier in Buddhas Tradition lebt. Interessierte weist der Mönch gerne in die Lehren Gautama Buddhas ein.

Thai Massage
Anders als an belebteren Stränden fühlen Sie sich hier während der Massage nicht wie auf einem Präsentierteller und können so die belebende Wirkung besser genießen. Kalkulieren Sie für eine gute Massage etwa 250 Baht.

Essen und Trinken

La Promenade
Mittags und abends werden hier erlesene Speisen aus der Region rund ums Mittelmeer serviert. Sehr schön ist auch der Blick von der überdachten Terrasse auf das Meer.
Phuket Yacht Club (→ S. 67); Tel. 0 76/38 11 56 ●●● CREDIT

Promthep Cape Restaurant
Hervorragende Fischgerichte und andere Spezialitäten der Thai-Küche.
Direkt am Kap Promthep; Tel. 0 76/ 28 86 56 ●●● AmEx MASTER VISA

The Quarterdeck
Exzellente Kreationen der thailändischen und internationalen Gastronomie. Abends werden oft besondere Menüs angeboten.
Phuket Yacht Club (→ S. 67); Tel. 0 76/38 11 56 ●●● CREDIT

Coconut Café
Einheimische und preiswerte westlich orientierte Gerichte.
Vor der Einfahrt zum Phuket Yacht Club (→ S. 67) ●

Einkaufen

Boutique
Souvenirs, teure Markenkleidung, traditionelle thailändische Seidenaccessoires und Dinge für den täglichen Gebrauch bietet die kleine Boutique im Phuket Yacht Club (→ S. 67).

Coconut
Kleiner Laden mit allen Dingen des täglichen Bedarfs, einigen Souvenirs, Zeitungen und Zeitschriften sowie Postkarten.
Vor der Einfahrt zum Phuket Yacht Club

Karen Orchid
Der größte Orchideenzuchtbetrieb der Insel. Hier werden nicht nur Ris-

Laem Promthep, das »Kap der göttlichen Engel«, ist der südlichste Punkt Phukets.

pen flugtauglich verpackt, Interessierte bekommen auch gute Informationen für die Haltung dieser empfindlichen Pflanzen.
49/12 Soi Roumana Court

Supermärkte
Lebensmittel, Getränke, Sonnenöl, Postkarten etc. finden Sie im Sortiment einiger Supermärkte zwischen der Nai-Harn-Bucht und der Hauptstraße nach Phuket Town.
Ganztägig geöffnet

Am Abend
Regatta Bar
Spätnachmittags und abends, wenn die Sonne langsam im Meer versinkt, ist diese Bar der ideale Platz für einen Drink unter tropischer Vegetation. Sanft rollt die Brandung des Meeres an die Felsen unterhalb der Tische, seicht streicht der Wind durchs Geäst der Bäume, und leicht schaukeln die Segeljachten auf dem Meer. Wem der Sinn nach mehr steht, genießt hier vielleicht einen leckeren Eisbecher oder Snacks von der westlich orientierten Speisekarte. Besonders reizvoll ist die Bar zur Zeit des Kings Cup, wenn sich die nationale und internationale Seglerelite ein Stelldichein gibt.
Phuket Yacht Club; Tel. 0 76/38 11 56; geöffnet ab spätnachmittags

Die Früchte des Cashewbaums kann man bei Rawai aus nächster Nähe betrachten.

Service
Auskunft
Ein Informationsbüro gibt es an diesem Strand nicht. Man kann sich stattdessen an die Rezeption des eigenen Hotels wenden, oder bei der TAT in Phuket Town (→ S. 85) fragen.
Tel. 0 76/21 22 13

Reiten
Crazy Horse Club
Strand- und Bergtouren sind möglich. Für Kinder stehen Ponys bereit.
Soi Ruam Na Na Chat, etwa 2 km vom Strand entfernt; Tel. 0 76/28 87 95; 500 Baht/Stunde

Verkehrsmittel
Das Jungle Beach Resort, das Nai Harn Beach Resort und der Phuket Yacht Club besitzen Fahrzeuge für den Transport vom und zum Flughafen. Vom Yacht Club aus fahren zudem zweimal täglich kostenlose Busse nach Phuket Town und zurück. Außerdem verkehrt auf dieser Strecke ein öffentlicher Bus.

Ziel in der Umgebung

Rawai
→ S. 120, C 11

Nur wenige Kilometer von der Nai-Harn-Bucht entfernt befindet sich auf der östlichen Seite der Landzunge der Rawai Beach. Um das kleine Dorf Rawai mit seinem sanft ins Meer auslaufenden Strand gruppieren sich Unterkunftsmöglichkeiten, Restaurants und Souvenirstände.

Das Wasser ist hier trüber als an anderen Stränden, dafür flach und

Hier sind die Einheimischen noch (fast) unter sich: Sonntags-Picknick am Rawai Beach.

frei von gefährlichen Strömungen. Auch in der Zeit des Monsuns schützen eine Landzunge und zahlreiche vorgelagerte Inseln die Bucht, so dass Baden problemlos möglich ist.

Im Ort selbst verläuft das Leben noch weitgehend unbeeinflusst vom Tourismus. Der kleine Tempel **Sawang Arom** steht überaus malerisch unter Palmen in einer kleinen Straße unweit der Hauptstraße nach Phuket Town, östlich des Ortes befindet sich eine Siedlung der »chao'le«, der Seenomaden Thailands. Beim Besuch dieser Siedlung sind Bonbons ein wichtiges Mitbringsel, um sich der bettelnden Kinder zu erwehren.

Hotels/andere Unterkünfte

The Evason Phuket

Inmitten eines tropischen Gartens findet man hier eine ganz besonders harmonisch eingepasste Hotelanlage, deren Zimmer und Service keinen Wunsch offen lassen.

100, Viset Rd.; Tel. 0 76/38 10 10-7, Fax 38 10 18; www.evasonphuket.com; 282 Zimmer ●●●● CREDIT

Siam Phuket Resort

Sehr schöne Anlage, direkt am Strand gelegen.

24/24 Viset Rd.; Tel. 0 76/38 13 46-7, Fax 38 16 47; www.siamphuketresort.com; 50 Zimmer ●● AmEx MASTER VISA

Sehenswertes

Cashewbäume

Östlich der Hauptstraße von Chalong nach Rawai befinden sich zahlreiche Cashewbaumpflanzungen. Besonders im März/April fallen die reifen Früchte mit ihrer intensiv roten Färbung auf. Unter jeder Frucht hängt dann ein gebogener, nierenförmiger Kern, der getrocknet ein beliebter Snack ist. Die auf Phuket geernteten Kerne gehören zu den besten Südostasiens und sind damit ein ideales Souvenir.

Essen und Trinken

Baan Had Rawai

Am Südende des Strandes befindet sich dieses sehr gute Thai-Seafood-Restaurant.

Rawai Beach, Tel. 0 76/38 38 38 ●●

Chalong

Türkis schimmerndes Wasser, dümpelnde Fischerboote und Jachten, sich im Wind wiegende Palmen.

Die Fischer von Chalong beliefern die ausgezeichneten Restaurants des Ortes. Am neuen Pier legen die Ausflugs- und Tauchboote an.

Chalong

→ S. 120, C 10

Leicht streicht ein warmer Wind über Meer und Küste, Palmwedel rascheln, gelegentlich hört man das »plop« einer zu Boden fallenden Kokosnuss. Von der Fahrbahn im Hintergrund ertönt das Ächzen eines »songthaews« oder das hochtourige Kreischen eines Motorrades. Auch das Blubbern eines Motorbootes dringt bis zum Strand ebenso wie das hell klingende Geräusch, mit dem die Leinen auf den Segelbooten gegen die Masten schlagen. Doch keines der Geräusche ist störend, irgendwie gehört dies alles hierher.

Schon immer war die geschützte Bucht von Chalong Ankerplatz für die Fischer der Insel und ist es bis heute. Geändert hat sich nur, dass auch die Besatzungen zahlreicher Segelboote auf ihren Törns zwischen Asien und Australien hier ruhige Gewässer aufsuchen. So zahlreich und urig wie die Seeleute präsentieren sich auch die Kneipen am Strand. Beim kühlen Drink unter Palmen, beim Sonnenbad am Strand oder auf dem Bootsanleger lässt sich so manch abenteuerlicher Traum träumen – oder gar in die Realität umsetzen, denn es kommt schon mal vor, dass Segler noch Crewmitglieder suchen oder eine Koje frei haben. Solche Gelegenheiten ergeben sich am ehesten beim Smalltalk in den Bars und Restaurants am Strand, zum Beispiel in Jimmy's Lighthouse, wo nicht nur wahre Geschichten erzählt werden.

Das maritime Ambiente hat nur leider einen Haken: Der Strand ist nicht breit und eignet sich weder gut zum Baden noch für andere Wassersportarten. Bei Ebbe zieht sich das Meer weit zurück, übrig bleibt nur recht schlammiger Sand. Bekanntlich hat jedoch jedes Ding zwei Seiten: Weniger gute Bademöglichkeiten bedeuten weniger Badegäste und damit mehr Ruhe. Außerdem hat man hier Gelegenheit, bei den örtlichen Bootsleuten Trips zu den Inseln im Südosten (Ko Raya, Phi Phi Islands) zu organisieren.

Hotels/andere Unterkünfte

Phuket Fishing Lodge

Mittelklassehotel direkt am Meer. Klimaanlage, Kühlschrank und Fernseher sind vorhanden.

59/2 Moo 9; Tel. 0 76/38 16 15, Fax 38 13 22; 40 Zimmer ●● CREDIT

Ao Chalong Bungalow

Sehr einfache Hütten. Kühlung bringt nur der Ventilator.

9/1 Moo 9; Tel. 0 76/38 11 90; 20 Hütten ●

Boomerang Bungalows

Einfach ausgestattete Bungalows ohne Klimaanlage.

56/16 Moo 10, Patak Rd.; Tel. 0 76/ 38 16 90, Fax 28 10 70; 10 Bungalows ●

Roong-Napa Mansion

Statt der Klimaanlage gibt es nur einen Ventilator, zum Service gehören aber Kühlschrank und Fernseher.

107/8 Moo 4; Tel. 0 76/38 18 12, Fax 28 09 90; 19 Zimmer ●

Spaziergang

Spaziergänge beschränken sich in der Regel auf den kurzen Bereich hinter dem Strand. Sehr interessant ist es, frühmorgens oder abends auf den Anleger hinauszugehen, um den Bootsleuten bei der Arbeit zuzusehen oder Kinder beim Angeln zu beobachten.

Sehenswertes

Garnelenfarmen

Östlich vom Bootsanleger befinden sich nahe dem Strand einige Farmen, in deren riesigen Tanks Garnelen gehalten und zum Teil gezüchtet werden. Offizielle Besichtigungen sind nicht möglich, bitten Sie einfach das Personal um Einlass.

Gut festhalten sollte man sich bei einem Ritt auf dem Elefanten.

ESSEN UND TRINKEN

Kan Eang 1 und 2

An beiden Enden der Bucht trifft man auf je eines der beiden Restaurants, deren Seafood-Gerichte zu den begehrtesten der Insel gehören. Probieren Sie doch mal »poo nim thot grathiam« (frittierte Krabben mit Knoblauch) oder die Hummer-Spezialität des Hauses: »Phuket lobster«. Reservierungen erwünscht.

Chalong Bay; Tel. 0 76/38 13 23, 38 16 61/2 ●●● CREDIT

The Phuket Fishing Lodge

Der Name ist Programm: Exzellente Fischgerichte und andere Meeresspezialitäten werden hier auf japanische und thailändische Weise zubereitet.

Chalong Bay; Tel. 0 76/38 16 15 ●●/●●● AmEx MASTER VISA

Jimmy's Lighthouse Bar & Grill

Ob zum Essen oder zum späten Drink, hier treffen sich Seeleute aller Nationen. Es gibt westliche und thailändische Gerichte. Ideal für den großen Hunger. Seemannsgarn gibt's gratis.

45/33 Chao Fa Rd., Chalong Bay; Tel. 0 76/38 17 09 ●● AmEx MASTER VISA

Loma Restaurant

Gute deutsche Küche wird in diesem kleinen Familienrestaurant serviert.

Chalong Circle; Tel. 0 76/38 19 42 ●/●●

EINKAUFEN

Am Bootsanleger und der Uferstraße können Sie an Straßenständen und in kleinen Geschäften Souvenirs und T-Shirts kaufen.

Cobra Windsurfing/Sea Sports

Ausrüstung für jede Art von Wassersport und Reparaturservice für Segel.

1/11–12 Viset Rd./Chalong Bay Rd.

Marine Life

Fast lebensecht wirken die kunstvoll gefertigten Modelle der Wassertiere.

9/10 Moo 9, Soi Kan Eang 2 Chalong Bay

Mook Phuket
In der Nähe des Hafens von Chalong findet man hier eine große Auswahl an Perlen und anderen Schmuckstücken. Kostenlose Hotelabholung ist möglich.
65/1 Jhawfar Rd.; Tel. 0 76/21 37 66; www.mookphuket.com

Phuket Seashell
Zum Verkauf stehen Muscheln, Schnecken und die Gehäuse des Nautilus, eines urtümlichen Kopffüßlers. Eindrucksvoll sind die Gehäuse der Kegelschnecken, deren Giftstachel auch Menschen gefährlich werden können.
12/2 Moo 2, Viset Rd.

Am Abend

Anchor Inn
Hier trifft sich, wer im Jachthafen »dazugehört« oder dazugehören möchte. Neben Drinks gibt es leckere Kleinigkeiten der deutschen und thailändischen Küche.
Chalong Circle; Tel. 0 76/28 13 29

Latitude 8
Die Bar und das Restaurant sind der Stammsitz des **Ao Chalong Cruising Yacht Club**. Hier trifft man sich zum Austausch der maritimen Neuigkeiten.
Chalong Bay Beachfront

Service

Auskunft
Am Bootsanleger liegt ein kleines Infobüro, in dem man in der Hochsaison ständig Auskünfte über Abfahrtszeiten der Boote, Unterkunftsmöglichkeiten auf den Inseln sowie Tauch- und Schnorcheltrips bekommt. Von hier fahren auch Busse und Taxis ab.

Bootstouren
Ständig warten eifrige Bootsleute darauf, Gäste auf eine der vorgelagerten Inseln zu fahren. Die gecharterten Fischerboote (ab 500 Baht) benötigen etwa zwei Stunden für die Fahrt.

An Angling Experience
Hier steht Ihnen die 44-Fuß-Jacht »Reel Hooker« zur Verfügung.
Ao Chalong; Tel. 0 76/28 32 70, Fax 28 32 71 oder Mobil 01/9 56 11 80

Ziele in der Umgebung

Elephant Garden

→ S. 120, C 9

Neben dem Wat Chalong wurde 1996 ein neuer Parcours für die zunehmend beliebteren Elefantenritte er-

Gläubige im bekanntesten buddhistischen Tempel der Insel, dem Wat Chalong (→ S. 76).

öffnet. Die kurzen Runden führen nur über Gras, dafür schaukelt es aber trotzdem schon heftig (Tambon Chalong; Tel. 0 76/28 12 81, 28 04 44; ab 300 Baht pro Runde).

Ko Hay

→ S. 121, D 11/12

Zwei herrliche weiße Sandstrände befinden sich auf dieser waldbedeckten Insel südöstlich von Phuket. Die schönen Korallenbänke gaben der Insel ihren Beinamen »coral island«. Baden und Schnorcheln sind hier gleichermaßen gut möglich. Tagesausflüge kann man bei den Fischern am Anleger von Ao Chalong organisieren. Pro Person liegen die Kosten bei etwa 400 Baht.

Hotels/andere Unterkünfte

Coral Island Resort
Sehr gut ausgestattete Zimmer, die das Robinson-Leben auf der kleinen Insel angenehm machen. Mit dem Speedboat erreichen Sie das Hotel in 15 Minuten, mit dem regulären Boot sind es 35 Minuten. Reservierung:
Büro in der 50/4 Viset Rd., Moo 5, Ao Chalong; Tel. 0 76/28 10 60/2, Fax 38 19 57; www.coralislandresort.com; 64 Zimmer ●●● ✉

Ko Lone

→ S. 121, D 10/11

Die Insel liegt am südöstlichen Ende der Chalong-Bucht. Weiße Sandstrände, grüne Waldgebiete und weitläufige Plantagen, vor allem für Kautschukbäume, bestimmen das Bild. Wer dem Trubel auf Phuket entgehen möchte, findet hier eine Unterkunftsmöglichkeit. Auch Tagesausflüge sind möglich. Boote benötigen etwa 20 bis 30 Minuten pro Strecke und kosten 300 Baht pro Person.

Hotels/andere Unterkünfte

Lone Island View
Komfortables Hotel mit klimatisierten Zimmern und eigenem Zubringerservice. Buchung über das Büro in Ao Chalong:
47/5 Ao Chalong (Nähe Bootsanleger); Tel. 0 76/38 18 58, 0 76/38 13 74; 28 Zimmer ●●●

Ko Raya

→ S. 120, südl. C 12

Die beiden Inseln **Raya Yai** und **Raya Noi** liegen etwa zwei Fahrstunden südlich von Phuket. Beide Inseln sind beliebte Tauch-, Schnorchel- und Angelreviere. Auf Raya Yai gibt es zudem gute Bademöglichkeiten und herrliche Strände. Nur außerhalb der Monsunzeit kann man in Rawai ein Boot für die Überfahrt chartern. Rechnen Sie mit Kosten ab etwa 1000 Baht pro Boot.

Wat Chalong

→ S. 120, C 9

Der bekannteste buddhistische Tempel (»wat«) auf Phuket ist auch einer der größten der Insel. Alljährlich pilgern tausende von Einheimischen und Touristen hierher. 1876, während der Rebellion der Minenarbeiter gegen die Grundbesitzer, die sich letztlich gegen König Rama V. richtete, war der Tempel Schauplatz blutiger Auseinandersetzungen. Unter dem Abt **Luang Po Chaem** und dem Mönch **Luang Po Chuang** gelang es der Bevölkerung, die Aufständischen zu besiegen. Dieses Verdienst würdigte auch der König, so dass der Abt und seine Mönche weit über Phukets Grenzen Berühmtheit erlangten. 7

Zu Ehren der Mönche wird hier nicht nur zu Buddha gebetet und seine Statue mit dünnen Goldblättchen beklebt, sondern auch die Statuen des Abtes und seiner Mönche. Achtung! Auch hier gelten die Gebote der Höflichkeit, das heißt Menschen nur fotografieren, wenn sie vorher gefragt wurden. Mönche sollten möglichst nicht berührt werden, für Frauen gilt dies ohne Ausnahme!

MERIAN *live!*-QUIZ

GEWINNSPIEL: Monat für Monat eine Reise und weitere attraktive Preise zu gewinnen!

Um wen, was oder welchen Ort geht es hier?

Zu den Seltsamkeiten der Kolonialgeschichte zählt, dass Thailand von ihr verschont blieb. So auch die größte Insel des Landes. Dabei war Phuket schon früh auf der Karte des alexandrinischen All- und Landvermessers Ptolemäus verzeichnet. Wenn er denn je da war.

Ganz sicher hier war die Gesuchte. Sie errang zu Lebzeiten großen Ruhm, der noch immer besteht, sogar auf monumentale Weise. Heutzutage mag ihr Mut ein wenig vergleichbar sein mit dem der Aung San Suu Kyi im Nachbarland – auch der Ruhm der Gesuchten hat mit Birmas Armee zu tun.

Mit den Kolonialmächten verhandelten die Thailänder geschickt, doch mit Birma wurde es brenzlig. Als dessen Armee drauf und dran war, sich das Eiland einzuverleiben, fand kein Feldherr, sondern die Gesuchte (mit Hilfe ihrer Schwester) die richtige Taktik zur Abwehr. Gewissermaßen ist die Insel seither Amazonengebiet.

Die Heldinnentat geschah drei Jahre nachdem Bangkok Hauptstadt wurde, gleich zu Beginn der Chakri-Dynastie, die noch heute in Thailand herrscht. Seither heißen übrigens alle Könige Rama plus römische Ziffer (praktisch für Ausländer, denn thailändische Namen sind ziemlich kompliziert). Bhumibol Adulyadej, dienstältestes Staatsoberhaupt der Welt (seit 1946), ist Rama IX. Seinem Vorfahr, acht Ziffern früher, verdankte die Gesuchte viel. Er adelte sie und die Schwester zu Thaos. Was ja auch ganz hübsch klingt.

Felix Woerther

Wenn Sie die Lösung wissen, besuchen Sie uns doch im Internet unter **www.merian.de/quiz** oder senden Sie uns eine E-Mail an **quiz@travel-house-media.de**

Unter den Einsendern verlosen wir Monat für Monat attraktive Preise. Viel Glück!

presented by **OLYMPUS**

Phuket Town

Charmant ist die Hauptstadt durchaus, herausragende Sehenswürdigkeiten findet man jedoch kaum.

Die Zinn- und Kautschukbarone bauten in Phuket Town prachtvolle Stadtvillen, die leider immer mehr verfallen und einer Zweckbauweise weichen müssen.

Phuket Town → S. 119, D/E 8

Stadtplan → Umschlagkarte hinten

Phuket Town (»muang phuket«) ist eine thailändische Provinzhauptstadt, die umgeben ist von herrlichsten Stränden, dafür aber keine nennenswerte touristische Infrastruktur besitzt. Trotzdem sollte man diese Stadt besucht haben.

Phukets Reichtum basierte auf Zinn, das früher in Minen im Norden der Insel abgebaut wurde. Aus diesem Grund war Thalang lange Zeit die wichtigste Stadt der Insel und gleichzeitig deren Hauptstadt. Erheblich ruhiger ging es in Phuket Town zu, wohin Minenbesitzer vorwiegend ihren Wohnsitz verlegten.

Doch auch hier kehrten die Hektik und der Verkehr des 20. Jh. ein. Trotzdem ist viel aus der Vergangenheit erhalten geblieben und das nicht nur im architektonischen Sinne. Hier erleben Sie das pulsierende Leben Asiens der Gegenwart.

Handelshäuser suchten die Nähe zum Hafen und zogen deshalb von Thalang nach Phuket Town, sofern sie nicht schon immer hier ansässig gewesen waren. Reich verzierte und mit Arkadengängen ausgestattete Gebäude, die aus dieser Ära stammen, prägen das Stadtbild. Sie sind der sino-portugiesischen Architektur im benachbarten Malakka und Penang nachempfunden. Thailand unterstand selbst nie einer Kolonialmacht, aber unterhielt vielfältige Handelsbeziehungen zu diesen Kolonien im heutigen Malaysia.

Auch in Phuket Town hat also die Moderne Einzug gehalten. Neben den Gebäuden des 19. Jh. präsentieren sich die gläsernen Fassaden moderner Hochhäuser. Unmengen von knatternden Motorrädern flitzen durch die oft engen Straßen. Geruhsamer, dafür auch seltener, bewegen sich die alten Rikschas durch den Verkehrsstrom, an vielen Straßen bieten Garküchenbetreiber allerlei Leckeres vom Motorradbeiwagen aus feil.

Phuket Town repräsentiert das heutige Asien, ein Mix aus Kultur, Geschichte und Gegenwart, nicht immer gelungen, aber stets faszinierend.

Hotels/andere Unterkünfte

Metropole

→ Umschlagkarte hinten, c 4

Das »Premier Hotel of the South« gehört zu den besten Häusern der Stadt und liegt mitten im Zentrum.

1 Soi Surin, Montri Rd.; Tel. 0 76/ 21 50 50, 21 40 20, Fax 21 59 90; E-Mail: metropole@phuketinternet.co.th; 248 Zimmer ●●●/●●●● CREDIT

Thavorn Grand Plaza

→ Umschlagkarte hinten, c 4

In der City, luxuriös und teuer.

40/5 Chana Charoen Rd.; Tel. 0 76/ 22 22 40-50, Fax 22 22 84; www.thavorngrandplaza.com; 150 Zimmer ●●●/●●●● CREDIT

Pure Villa → Umschlagkarte hinten, südwestl. a 5

Gut eingerichtete Einzelhäuser im Süden von Phuket Town, die man wochen- oder monatsweise mieten kann.

Chaofa East Rd.; Tel. 0 76/25 67 97, Fax 21 42 20; www.purevilla.purethailand.com ●●● MASTER VISA

Royal Phuket City

→ Umschlagkarte hinten, c 3

Sehr gut ausgestattetes Hotel im Herzen der Stadt. Die großzügigen Zimmer und Suiten bieten einen herrlichen Blick über Phuket City und das Meer.

154 Phang Nga Rd; Tel. 0 76/23 33 33, Fax 23 33 35; www.royalphuketcity.com; 251 Zimmer ●●● AmEx MASTER VISA

Phuket Merlin Hotel

→ Umschlagkarte hinten, b 2

Liegt etwas außerhalb der City, sehr gut ausgestattete Zimmer und Pool.

158/1 Yaowarat Rd.; Tel. 0 76/21 28 66, Fax 21 64 29; www.merlinphuket.com; 186 Zimmer ●● AmEx MASTER VISA

On On Hotel

⇢ Umschlagkarte hinten, b 3

Ältestes Hotel in der Stadt, das sich seinen Charakter seit 1927 bewahrt hat, aber recht wenig Komfort bietet. Überwiegend Rucksacktouristen.

19 Phang Nga Rd.; Tel. 0 76/21 11 54, 22 57 40; 49 Zimmer •

Pure Mansion Hotel

⇢ Umschlagkarte hinten, a 4

Funktionale, saubere Zimmer direkt an der Hauptstraße zu den südlichen Stränden. Nicht mehr in Gehweite zum Zentrum.

3/7 Chao Fa Rd.; Tel. 0 76/21 17 09, 22 02 25, Fax 21 42 20; 45 Zimmer •
AmEx MASTER VISA

Thavorn Hotel

⇢ Umschlagkarte hinten, b 3

Nicht so luxuriös wie der Namensvetter, dafür preiswerter. Das Hotel verfügt über einen Pool.

74 Rasada Rd.; Tel. 0 76/21 13 33-5, Fax 21 55 59; 200 Zimmer • AmEx MASTER VISA

Spaziergang

Beginnen Sie Ihren Spaziergang an der **Ranong Road** am Gebäude der **Thai Airways**. Auf diesem Gelände steht noch eine der alten Villen, die zu Beginn des 20. Jh. von Minenbesitzern errichtet wurden. Besonders gut ist hier der sino-portugiesische Baustil sichtbar, der aus der engen Verbundenheit zum malaiischen Penang herrührte. Links ist der Obst- und Fleischmarkt, der nur einen kurzen Seitenblick lohnt.

Am **Suriyadet**-Kreisverkehr halten Sie sich links auf der **Yaowarat Road**. Im Hof des vierten Hauses befindet sich eine weitere Villa der ehemaligen Zinnbarone. An der Ecke Krabi Road biegen Sie links ab. Von der linken Straßenseite aus haben Sie einen guten Blick auf die zehn Stadthäuser der rechten Straßenseite sowie auf eine weitere Villa, heute Sitz der Hua-Thai-Schule. Gegenüber führt eine schmale Gasse zur Seite des Gebäudes, das Sie schon von der Yaowarat Road aus gesehen haben. Hier blieb einer der alten, aus Klinkern errichteten Brunnen erhalten.

Weiter geht es die **Krabi Road** entlang, vorbei am alten **General Hospital**. Gegenüber stehen zwei Villen, die erste ist wohl die prunkvollste Phukets. Sie gehört Phra Phitak Chinpracha, dem letzten in Penang ausgebildeten Nachfahren einer seit drei Generationen auf Phuket ansässigen Familie. Vor wenigen Jahren diente dieses Haus als Kulisse für Filmaufnahmen über typische chinesische Hochzeitsfeiern. Von hier aus geht es nun zurück zur Thalang Road.

Hier sind die ursprünglichen Bauten Phukets am vollständigsten erhalten, wenn sie auch durch moderne Ergänzungen gelegentlich etwas gelitten haben. Zu beiden Seiten der Straße reihen sich die Geschäfte, deren Namen in chinesischen, thailändischen und lateinischen Schriftzeichen über den Türen prangen. Von Goldschmuck über Elektroartikel bis hin zu Haushaltsbedarf wird hier mit allem gehandelt. Das zehnte Haus auf der rechten Straßenseite (Nr. 20) zeigt noch Reste der ehemals kunstvoll verzierten Außenfassade. Gegenüber befindet sich das Geschäft von **Sin & Lee**, die seit den 40er-Jahren mit ausländischen Lebensmitteln handeln (→ MERIAN-Tipp, S. 85). Ungefähr auf halber Strecke der Thalang Road führt die **Romathanee Lane** auf den **Mongkol-Nimit-Tempel** zu. Die Enge der Gasse und ihr schlechter Zustand veranlassten einige Regisseure, sie in »Vietnamfilmen« als Kulisse zu verwenden, Grund genug, sie in »Hollywood-Gasse« umzubenennen.

An der Kreuzung mit der **Thepkrasattri Road** steht links ein Haus aus den 30er-Jahren, dessen Fassade Bauten verschiedener chinesischer Tempel darstellt. Über die **Phang Nga Road** hinweg geht es weiter bis zur **Rasada Road**. Unweit der Kreuzung steht links das **Thavorn Hotel**, dessen

Eingangshalle ganz in Holz gehalten und mit zahlreichen Unikaten (Möbel, Fotos etc.) aus der Geschichte Phukets eingerichtet ist. Über die nächste Kreuzung hinweg erreichen Sie das neue **Phuket Shopping Centre**. Biegen Sie an dieser Kreuzung rechts ab, gelangen Sie zur Phang Nga Road. Auf der gegenüberliegenden Straßenseite steht das **On On Hotel**, das im Jahr 1927 als erstes Hotel auf Phuket errichtet wurde. Der kantonesische Name bedeutet »Behaglichkeit, Glück«. Links beginnt dann wieder die **Yaowarat Road**, an der Sie ein privates Taxi mieten können.

Sehenswertes

Crocodile Farm

⇢ Umschlagkarte hinten, d 4

Riesenechsen, Schlangen und Kleinsäuger werden hier ausgestellt, teils auch in einer Art »wrestling show« vorgeführt. Außerdem eine Elefantenshow, bei der die Tiere allerlei artfremde Kunststücke zeigen. Sicherlich ein Spaß für Kinder, aber eher ein Ärgernis für Tierliebhaber.

Chana Charoen Rd.; tgl. 8–18 Uhr; Eintritt 60 Baht

Märkte

⇢ Umschlagkarte hinten, b 3/d 4

Die ganze Welt der exotischen frischen Früchte bietet der Markt an der **Ranong Road**, Ecke Bangkok Road. Bereits frühmorgens öffnen die Händler ihre Stände, um wohlschmeckendes Obst anzubieten. Feilschen ist Pflicht, und Kostproben gehören vor dem Kauf schon fast zum Service, denken Sie aber daran, nur kleinere Mengen einzukaufen, denn frisch schmeckt's am besten.

Eher auf Gemüse, Fleisch und Fisch spezialisiert, deshalb auch für empfindliche Nasen nicht unbedingt geeignet, ist die Markthalle an der **Ong Sim Phai Road**. Hier gehören auch Straßenessstände zum gewohnten Bild, eine Einladung zum Schlendern und Probieren.

Im Eingangsbereich eines chinesischen Tempels in Phuket Town.

Methee Cashew Nut Factory

⇢ Umschlagkarte hinten, c/d 3

Seit 1943 werden hier Cashewkerne für den lokalen und internationalen Markt verarbeitet. 8

9–9/1 Tilok Uthit 2 Rd.; Tel. 0 76/ 21 96 22-3; Mo–Fr 9–18 Uhr

Phuket Butterfly Garden & Insect World

→ Familientipps, S. 33

Rang Hill/Khao Rang Nai

⇢ Umschlagkarte hinten, a 1

Vom kleinen Hügel nördlich der Stadt genießen Sie einen schönen Blick über die Stadt. Abends ist der Park Treffpunkt von Freizeitsportlern und Restaurantbesuchern, die in einem der hier oben ansässigen Lokale ein Dinner in romantischer Sonnenuntergangsstimmung einnehmen möchten.

Zufahrt über die Khao Rang Rd.

Sanjao Kwanim Teng

→ Umschlagkarte hinten, a 3

Einer der schönsten Tempel Phukets ist dieser chinesische Tempel, welcher der Gnadengöttin geweiht ist. Bunte Verzierungen an Wänden und Türen, reich bemalte Kachelmosaike und zahllose Opfergaben auf dem Altar eignen sich gut als Fotomotiv.

Ranong Rd., Ecke Soi Phuthon

Saphan Hin

→ Umschlagkarte hinten, c 5/d 6

Im Süden der Stadt ragt diese Landzunge ins Meer. Das unübersehbare **Saphan Hin Mining Monument** wurde 1969 errichtet, um an die Leistung des Australiers Captain Edward Thomas Miles zu erinnern, der 1909 den ersten Zinnerzbagger hierher brachte. Mithilfe dieser Maschine konnte der Abbau des Zinns intensiviert werden, der Reichtum der Insel nahm zu, bis dann zu Beginn der 80er-Jahre auf dem Weltmarkt die Preise für Zinn immer mehr fielen, so dass heute keine Fabrik auf Phuket mehr tätig ist.

Saphan Hin ist aber auch eine Art Freizeitareal, mit oft lautstarken Konzerten oder Festivitäten. Im Boxstadion finden darüber hinaus regelmäßig Thai-Box-Wettkämpfe statt.

Besonders beliebt ist dieser Stadtteil zum Loy-Krathong-Fest, wenn tausende Menschen ihre blumengeschmückten Schiffchen aufs Wasser setzen (→ Feste und Events, S. 23).

Thai Village und Orchid Garden

→ Umschlagkarte hinten, b 5

Hunderte blühender Orchideen lassen das Herz von Blumenliebhabern höher schlagen. Sowohl wilde Orchideen als auch Züchtungen sind hier zu bewundern. Darstellungen zur thailändischen Kultur gibt es auf der benachbarten Bühne. Hier werden Volkstanz, Kampfkunst, Zinnabbau und Elefantendressur zum Thema gemacht.

Thepkrasattri Rd., 3 km nördlich des Zentrums; tgl. 9–18.30 Uhr, Shows um 11 und 17.30 Uhr; Eintritt 220 Baht

Wat Charoen Samanakit

→ Umschlagkarte hinten, c/d 2

Der kleine Tempel steht hinter dem Gericht der Stadt, das im Kolonialstil errichtet wurde. Ein Besuch lohnt in Verbindung mit dem Aufstieg zum **Toh-Sae-Hügel**, von dem aus man über die Stadt blicken kann. Der Tempel steht malerisch zwischen dem Grün einzelner Bäume. Besonders beeindruckend sind die kunstvollen

Auf beiden Märkten in Phuket gibt es herrlich frische und exotische Ware.

MERIAN-Tipp

8 Restaurant Kajok-See

Das unscheinbare Restaurant lässt die Vergangenheit mit chinesischem Einfluss aufleben. Das Aroma der Zutaten Minze, Kokos, Basilikum und Zitronengras kommt bei den einzelnen Gerichten voll zur Geltung. Wenn man möglichst unterschiedliche Speisen bestellt, kann jeder am Tisch von allem probieren. Spezialitäten sind »goong sarong« (Shrimps in Reisnudeln), »laab gai« (Minzehühnchen in scharfer Zitronen- und Kräutersauce), Mangosalat und »hormok« (Meeresfrüchte in Kokosnuss-Curry-Mus). Reservierung erwünscht!

26 Takuapa Rd.; Tel. 0 76/21 79 03, ●●/●●● AmEx MASTER VISA

⟶ Umschlagkarte hinten, b 3

Goldverzierungen an der Tür des »bot« (Ordinationshalle).

Toh Sae Rd.

Wat Mae Yanong

⟶ Umschlagkarte hinten, a 3

Dieser chinesische Tempel heißt eigentlich »Sanjao Ma Jor Por« und wurde 1863 zu Ehren der Schutzpatronin der Seefahrer erbaut. Auch heute noch beten die Gläubigen tagtäglich zu einem Bildnis der Göttin.

Vichit Songkhram Rd.

ESSEN UND TRINKEN

The May Fair

⟶ Umschlagkarte hinten, c 3

Grillgerichte der Spitzenklasse bietet dieser im Fünfzigerjahre-Stil ausgestattete »Grill Room«. Besonders lecker sind die »tiger prawn thermidor«.

Old Time Corner Bldg., 46/12–13 Thepkrasattri Rd.; Tel. 0 76/22 15 33 ●●●● CREDIT

Thai Naan Restaurant

⟶ Umschlagkarte hinten, a 3

Die Werbung verspricht den »Geschmack des Orients«, und so gibt es hier Thai-Gerichte und Appetitliches aus Chinas und Japans Küchen. Traditionelle Tanzshows gehören dazu.

16 Vichit Songkhram Rd.; Tel. 0 76/22 61 64-7 ●●● AmEx MASTER VISA

Chiang Mai Restaurant

⟶ Umschlagkarte hinten, a 1

Hier stehen nordthailändische Gerichte auf der Karte. Man speist in einem klimatisierten Raum oder auf der Terrasse unterm Sternenhimmel.

224/4 Yaowarat Rd.; Tel. 0 76/22 35 80-1 ●● AmEx MASTER VISA

Kanda Bakery & Restaurant

⟶ Umschlagkarte hinten, b 3

Süße und herzhafte Snacks, Salate und Steaks sowie Kuchen und Torten.

31–33 Rasada Rd.; Tel. 0 76/22 34 10 ●● MASTER VISA

Khanasutra

⟶ Umschlagkarte hinten, b 4

Scharfe Gerichte aus den Küchen Indiens sind etwas für diejenigen, die auch gastronomische Herausforderungen nicht scheuen.

Takua Pa Rd., Tel. 0 18 94 07 94 (mobil) ●● MASTER VISA

Kor Kung Pao

⟶ Umschlagkarte hinten, a/b 1

Authentische Thaiküche mit sehr guten Fisch- und Seafoodgerichten an einem Süßwassersee im Herzen der Insel.

Nördl. der Pra Phuket Rd. (Richtung Schmetterlingsgarten); Tel. 0 76/25 46 53 ●● MASTER VISA

Essstände

⟶ Umschlagkarte hinten, c 4/d 3

Echtes Thai-Essen gibt es an den verschiedenen Garküchen im Bereich der **Ong Sim Phai Road.**

Ab nachmittags ●

EINKAUFEN

Chan's Antique & Art

⟶ Umschlagkarte hinten, c 3

Die größte Ausstellung thailändischer Antiquitäten, Reproduktionen und

Souvenirs. Seien es nun Buddhafiguren oder -büsten (beachten Sie die Ausfuhrbestimmungen!), kunstvoll verzierte Möbel, bemalte Wohnaccessoires oder Kunstgewerbe und antike Stücke aus Kambodscha und Birma: Liebhaber werden hier fündig.

26/3 Thepkrasattri Rd.; Tel. 0 76/23 93 44 (freier Transport vom/zum Hotel); tgl. 8.30–17.30 Uhr

Chee Ling Jewelry

⇢ Umschlagkarte hinten, c 3

Hier bekommt man Gold und Edelsteine, Süßwasser- und Zuchtperlen als Ketten, Ohrringe etc.

54/18 Montri Rd.

Lexus ⇢ Umschlagkarte hinten, c 4

Muss ein neuer Koffer oder Geldbeutel her? Hier werden Sie sicher fündig.

5/1 Soi Surin, Montri Rd.

Märkte

→ Sehenswertes, S. 81

The Palace of Art

⇢ Umschlagkarte hinten, a 3

Hier finden Sie ausgesuchte und z. T. recht kostbare Stücke aus den Bereichen Kunstgewerbe und Antiquitäten.

79/5 Vichit Songkhram Rd.

Phuket Shopping Centre

⇢ Umschlagkarte hinten, b 3

1996 hat das Einkaufszentrum an der Rasada Road eröffnet. Schneidereien, Souvenirs und ein Kaufhaus (»department store«) animieren zum Kauf.

Rasada Rd., Takuapa Rd.

Pui Fai Shop

⇢ Umschlagkarte hinten, b 3

Kunstgewerbe und Schnitzereien zu sehr attraktiven Preisen.

10 Rasada Rd.

Robinson Department Store

⇢ Umschlagkarte hinten, c 4

Unter dem Dach dieses riesigen Warenhauses können Sie fast alles kaufen: Sportgeräte, Kleidung, optische Produkte und Parfümeriewaren, Lebensmittel und Körperpflegemittel.

Tilok Uthit 1 Rd./Ong Sim Phai Rd.

Sri Supphaluck Orchid ⇢ S. 119, D 6

Hier bekommt man alle Cashewnussprodukte der Insel direkt aus der Fabrik. Der Cashewy, ein Drink aus Apfel- und Cashewnuss, ist eine Kostprobe wert.

9 km nördl. vor Phuket Town; 51/9 Moo 5 Thepkrasattri Rd.; Tel. 0 76/27 29 15; www.srisupphaluckorchid.com

Warten auf Fahrgäste: Motorräder versehen in Phuket Town Taxidienst.

MERIAN-Tipp

9 Sin & Lee

Bereits in den Vierzigerjahren öffnete dieser Laden seine Tore mit einer für damalige Verhältnisse besonderen Idee: Verkauft wurden und werden überwiegend internationale Waren. Der Besitzer Tun Leng Jeng erkannte schon damals bei seinen Reisen nach Penang (Malaysia), dass die Ausländer gern ab und zu die gewohnten Waren aus der fernen Heimat genießen. So importierte und verkaufte er holländischen Käse, englische Würstchen, italienische Spaghetti, französisches Olivenöl etc.

49 Thalang Rd.

→ Umschlagkarte hinten, b/c 3

Tesco Lotus Hypermarkt

→ Umschlagkarte hinten, nordwestl. a 1

Der riesige Einkaufskomplex bietet neben einem großen Supermarkt zahlreiche kleinere Einzelhandelsgeschäfte, in denen man praktisch alles bekommt. Hinzu kommen zahlreiche kleinere gastronomische Betriebe.

104 Moo 5, Chalermprakiet Ror 9 Rd. (Kreuzung Patong/Phuket Town & By Pass)

Thai Product Centre

→ Umschlagkarte hinten, c 3

Hier wird Seide feilgeboten, die in nur 24 Stunden zum Maßanzug oder -kleid verarbeitet werden kann bzw. verkauft wird, sowie Perlenschmuck und Gold.

54/8–9 Montri Rd.

Tilok Uthit 1 Road

→ Umschlagkarte hinten, c 4

Beide Seiten dieser Straße verwandeln sich allabendlich zwischen der Ong Sim Phai Road und dem Kreisverkehr in ein einziges Souvenir-Shoppingparadies. Schnitzereien, Sonnenbrillen, T-Shirts, und Krimskrams gibt es hier preiswerter als z. B. in Patong.

Tilok Uthit 1 Rd.

Am Abend

Marina Disco Lounge

→ Umschlagkarte hinten, b 2

Tanzen, Musikhören und geselliges Beisammensein. Beliebt bei Phukets Geschäftsleuten und Hotelgästen.

Merlin Hotel; 158/1 Yaowarat Rd.; tgl. ab 19 Uhr

Michael's

→ Umschlagkarte hinten, b 3

Nette Bierbar mit gutem Essen. Gut besucht zur Happy Hour: 13–18 Uhr.

Takuapa Rd.; tgl. ab 10 Uhr

Timber Hut

→ Umschlagkarte hinten, b 3

Musik, Cocktails und thailändische Snacks. Hierher zieht es überwiegend die Geschäftswelt Phukets. Ein interessanter Abend ist garantiert.

118/1 Yaowarat Rd.; tgl. ab 18 Uhr

Service

Auskunft

TAT → Umschlagkarte hinten, c 3

Das Fremdenverkehrsbüro hält Broschüren und Karten bereit. Stöbern oder Fragen stellen ist erlaubt.

73–75 Phuket Rd.; Tel. 0 76/21 22 13

Öffentliche Verkehrsmittel

Busse → Umschlagkarte hinten, b 3

Der Busbahnhof für lokale Busse (blau) liegt gegenüber dem Thai Airways Office in der Ranong Road.

Reiseveranstalter

South Orchid (Thailand) Co.

→ Umschlagkarte hinten, a/b 2

Dieser Veranstalter organisiert mehrtägige Touren in den thailändischen Nationalparks sowie eintägige Ausflüge (z. B. Unbekanntes Phuket, → Routen und Touren, S. 90).

63/247 Chaofa Rd., Phuket Town; Tel./Fax 0 76/24 82 19; E-Mail: southntr@loxinfo.co.th, www.nature-travel.org

Touristenpolizei

→ Umschlagkarte hinten, c 3

Tel. 0 76/22 53 61, Notruf 16 99

MERIAN-Tipp

10 Jeep-Touren

Auf individuelle Weise die Insel und ihre Umgebung kennen zu lernen, versprechen die gut organisierten Jeep-Touren von South Orchid (Thailand) Travel. Das Büro unter deutschsprachiger Leitung vermittelt ein zuverlässiges Fahrzeug sowie Unterkünfte und besorgt Streckenbeschreibungen und Karten. Da Sie ohne Begleitung unterwegs sind, ist Ihre Freiheit nicht eingeschränkt; ein mehrseitiges Heft informiert über richtiges Verkehrsverhalten.

63/247 Chao Fa Rd., Phuket Town; Tel./Fax 0 76/24 82 19; E-Mail: southntr@loxinfo.co.th, www.nature-travel.org

⟶ Umschlagkarte hinten, a 4

Ziele in der Umgebung

Cashewnuss-Fabrik

⟶ S. 120, C 9

Phuket ist berühmt für seine schmackhaften Cashewnüsse. Wer 8 sich dafür interessiert, wie und wo sie wachsen, geerntet und verarbeitet werden, ist hier richtig. Bei den Cashewnüssen handelt es sich um die Kernfrüchte des Kaschu-Baumes oder Acuja-Baumes (*Anacardium occidentale*). Die Kerne befinden sich in den Kaschu-Äpfeln, deren säuerliches Fruchtfleisch zu Konserven, Wein und Essig verarbeitet wird. Die Fruchtschalen liefern Öl, das hauptsächlich für technische Zwecke verwendet wird.

Sri Bhurapa Orchid Co., 7/1 Khuang Rd.; tgl. 8–19 Uhr

Ko Siray

⟶ S. 119, E/F 7/8

Im Osten der Stadt befindet sich diese vorgelagerte Halbinsel mit einem Dorf der »chao'le«, der Seenomaden. Diese Menschen, die sich aufgrund ihrer sehr dunklen Hautfarbe deutlich von den Thai unterscheiden, stammen ursprünglich wohl aus dem Andamanengebiet nordwestlich von Thailand. Noch im 19. Jh. waren sie gefürchtete Piraten, heute fristen sie ein recht trauriges Dasein, da sie von der thailändischen Gesellschaft nicht völlig anerkannt werden, v. a. weil sie meist nur ihre eigene Sprache beherrschen. Fischfang, Perlentaucherei und neuerdings auch das Erbitten von Geld, um für Touristenfotos zu posieren, gehören zu ihren wichtigsten Einnahmequellen. Eine wichtige Einkommensgrundlage der »chao'le« ist aber auch das Sammeln der Seglervogelnester in den Höhlen der Phang-Nga-Bucht. Zum Schutz der Tiere, deren Nester für die Vogelnestersuppe heiß begehrt sind, da sie im Ruf stehen, aphrodisierend zu wirken, dürfen die Sammler nur zweimal jährlich zum Sammeln ausrücken, um dann an langen Stangen die steilen Felsen und Höhlen zu erklettern.

Auf der Insel befindet sich auch der Tempel **Wat Siray**, der wegen seines etwa 10 m langen liegenden Buddhas bekannt ist. Oben vom Tempel aus ist der Blick über Phuket Town lohnend.

Trotz der Allgegenwärtigkeit Buddhas und seiner Anhänger haben die »chao'le« bis heute weitgehend ihren Animismus beibehalten, jene Naturreligion, die alles Natürliche als beseelt ansieht und deshalb von unzähligen Göttern und Dämonen geprägt ist.

Laem Hin Harbour

⟶ S. 119, E 7

Der Hafen selbst bietet nichts Besonderes. Wer aber wirklich authentisch essen möchte, kommt hier auf seine Kosten. Biegen Sie von der westlichen Straße 402 in Richtung Laem Hin Harbour ab. Folgen Sie der Straße in Richtung Pier und parken Sie am Meer. Hier warten schon Boote auf

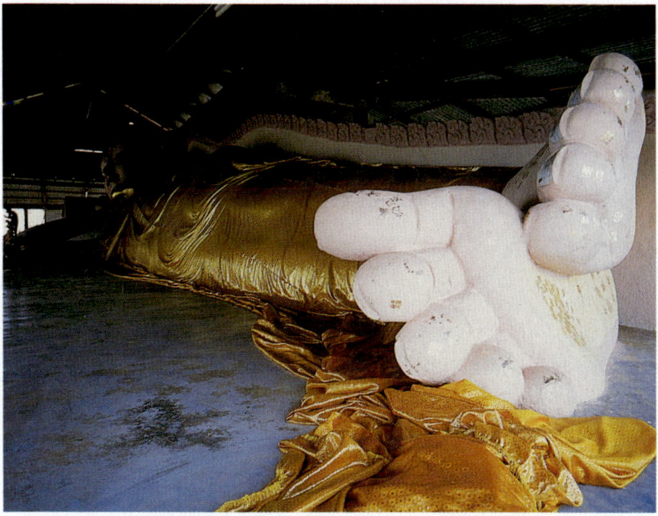

Der riesige liegende Buddha im Wat Siray blickt der aufgehenden Sonne entgegen.

die Gäste, die zu schwimmenden Restaurants gebracht werden möchten. Die namenlosen Restaurants bieten frische Gerichte aus dem Meer. Unter den Tischen, die auf Pontons dümpeln, leben Fische und Hummer im Netz, bis sie bestellt werden. Hier wählt man nach thailändischer Speisekarte oder direkt aus dem Netz. Es wird nur Bargeld akzeptiert.

Laem Panwa ···› S. 121, E 10

Südlich der Makham-Bucht und des Hafens von Phuket ragt das Kap weit ins Meer hinein. Da hier die Straße zu Ende ist, verirren sich nicht allzu viele Touristen hierher und wenn, dann meist um das **Aquarium** (→ Familientipps, S. 32) zu besuchen. Sonst ist dieser Ort eine Oase der Ruhe.

Hotels/andere Unterkünfte

Conrad Hotel Phuket

Am Hotelhimmel Phukets ist ein weiterer Stern aufgegangen. Das luxuriöse Conrad Hotel bietet hervorragend ausgestattete Villen und feinsten Service. Eine echte Oase der Erholung, die aber erst 2008 eröffnet. Informationen unter www.hilton.com.

84 Moo 8, Sakdidej Rd.; Tel. 0 76/20 08 00, Fax 20 08 16; www.conradhotels.com; 114 Villen ●●●● CREDIT

Cape Panwa Hotel

Luxuriös und mit internationalem Flair.

27 Moo 8, Sakdidah Rd.; Tel. 0 76/39 11 23-5, Fax 39 11 77; www.capepanwa.com; 245 Zimmer ●●/●●● CREDIT

Essen und Trinken

Lighthouse

In der kleinen Bar, die aus dem Leuchtturm und seinem Nebengebäude besteht, gibt es gute Drinks und abends Livemusik.

Cape Panwa Hotel, 27 Moo 8 Sakdidah Rd. ●● AmEx MASTER VISA

Robert's Restaurant

Direkt am Ufer gelegenes, urig-gemütliches Lokal. Thailändische Küche mit deutschem Einfluss.

Sakdidah Rd.; Tel. 0 76/39 10 65 ●

Routen und Touren

Unterwegs mit dem »songthaew«, einer Art LKW mit Sitzbänken. Eine Fahrt mit diesen Sammeltaxis, die überwiegend von Einheimischen genutzt werden, ist die preiswerteste und authentischste Möglichkeit, die Insel zu erkunden.

Phukets Strände sind herrlich. Wer allerdings mehr über die Insel sowie ihre nähere und weitere Umgebung erfahren möchte, sollte sich mit Auto, Flugzeug oder Schiff auf Entdeckungsreise begeben.

Unbekanntes Phuket – Mit dem Jeep auf der Insel unterwegs

Charakteristik: Eine Tour für Entdecker, die selbst Kennern der Insel im Süden Thailands neue Plätze zeigen wird; **Auskunft und Durchführung:** South Nature Travel, deutschsprachige Leitung, 63/247 Chaofa Rd., Phuket Town; Tel./ Fax 0 76/24 82 19; E-Mail: southntr@loxinfo.co.th, www.nature-travel.org; **Dauer:** Tagesausflug; **Länge:** ca. 90 km; **Einkehrmöglichkeiten:** In jedem Ort gibt es kleine Restaurants, an den Stränden die gehobene Gastronomie der internationalen Hotels. Im Osten der Insel ist man auf Kioske an den touristischen Punkten angewiesen; **Karte:** ⋯› S. 91

Das unbekannte Phuket liegt abseits der überfüllten Strände und jenseits der touristischen Infrastruktur. So führt denn auch der Tagesausflug zunächst von den viel besuchten Stränden im Südwesten der Insel nach Norden.

Patong ⋯› Bang Tao Beach

Schon kurz hinter der Bucht von Patong kehrt Ruhe ein. Der malerische **Kalim Beach** wird von Kokosplantagen umgeben, die sich weit ins Landesinnere und an den Hängen des **Nakhale-Kaps** entlang erstrecken.

Der folgende Streckenabschnitt wird in Straßenkarten oft noch als »unpaved«, also »nicht geteert«, bezeichnet, ist aber mittlerweile geteert, allerdings nur in der Theorie, denn die oft überschweren LKWs und heftige Monsunregen beschädigen den Straßenbelag erheblich. Besonders die gebirgige Strecke bis nach Kamala kann so nach Wolkenbrüchen sehr rutschig werden. Wieder einmal zeigt sich, dass der ehemalige malaiische Name »bukit« (Hügel), aus dem dann »Phuket« wurde, sehr zutreffend war.

In Kamala erreichen Sie eines der ursprünglichen Dörfer der Insel. Hier leben sehr viele Moslems, unübersehbares Zeichen dieser Religion ist die Moschee. Sie können das Gebäude nach Rücksprache mit anwesenden Gläubigen problemlos besichtigen, nur während des Freitagsgebetes sollten Sie Zurückhaltung üben. Achten Sie hier besonders auf die lokalen Gepflogenheiten. Strandbekleidung gehört ausschließlich an den Strand!

Mit einem Mietwagen lässt sich Phuket abseits der Touristenpfade erkunden.

Auf der Weiterfahrt gen Norden kommen Sie an zahllosen Obstplantagen vorbei. Hier gedeihen Mangos, Lychees, Bananen und die auf Phuket besonders wohlschmeckenden Ananas. Wenn Sie jetzt Lust auf ein Bad im türkisfarbenen Meer haben, unterbrechen Sie die Tour am Strand von **Surin** oder jenseits des Son-Kaps am **Bang Tao Beach**.

Zum Khao-Phra-Thaeo-Nationalpark

Die Tour führt nun weiter in östlicher Richtung, zunächst bis zum **Heroines Monument**, dem Bildnis von Mook und Chan. An dieser Kreuzung müssen Sie sich entscheiden, ob Sie die Tour um etwa zwei Stunden verlängern oder die letzten Etappen direkt ansteuern möchten. Wird die Zeit knapp, folgen Sie der Hauptstraße in Richtung **Thalang** (nach Norden). In dieser kleinen Provinzstadt, die einst Hauptstadt der Insel war, zweigt in der Ortsmitte eine Straße zum **Ton-Sai-Wasserfall** ab. Dieser Wasserfall gehört bereits zum Gebiet des **Khao-Phra-Thaeo-Nationalparks**, d. h., Sie müssen laufen. Hinter dem Informationsbüro des Nationalparks beginnt der teils steile Aufstieg durch den Regenwald. Ein erfrischendes Bad unterhalb des Wasserfalls entschädigt für den Fußmarsch.

Der Buddha im Phra-Thong-Tempel

Letzte Etappe ist dann der **Phra-Thong-Tempel**, der einige Kilometer nördlich von Thalang steht. Hier befindet sich eine besonders interessante Buddhastatue, die nur zu einem Teil aus der Erde herausschaut. Angeblich entdeckte ein Junge beim Pflügen ein Stück Metall, legte es frei und bemerkte, dass es sich um eine Buddhastatue aus massivem Gold handelte. Alle Versuche, das Kunstwerk zu bergen, schlugen fehl. Also machte man aus der Not eine Tugend und errichtete schließlich einen Tempel um die Figur herum. Die Thai übergipsten das Gold und beklebten die Figur stattdessen mit Goldblättchen.

Bang Tao Beach → Bang-Pae-Wasserfall

Haben Sie die längere Route gewählt, folgen Sie der Straße von der Kreuzung am Heroines Monument weiter in Richtung Osten. Sie erreichen nun zunächst das **Gibbon Rehabilitation Centre** (→ Familientipps, S. 32) und können von hier aus zum **Bang-Pae-Wasserfall** wandern. Hier erleben Sie den tropischen Regenwald: Wenig bodennahe Vegetation und riesige Bäume mit mächtigen Kronen bestimmen das Bild. Das Gewirr der Blätter und Lianen ist faszinierend. Bunte Vögel fliegen zwitschernd durchs Unterholz, gelegentlich laufen einem kleinere Echsen über den Weg. In besonders glücklichen Fällen kann man sogar manchmal einen der bis zu eineinhalb Meter langen Bindenwarane beobachten.

Bang-Pae-Wasserfall → Patong

Durch Plantagen führt die Straße nun weiter nach Norden. Dabei lohnen Abstecher zur Küste im Osten, von hier haben Sie einen schönen Blick auf die **Phang-Nga-Bucht**. Bei **Muang Mai** erreichen Sie die Hauptstraße nach Phuket Town. Vorbei am **Wat Phra Thong** und durch **Thalang** geht es nun zurück zum Ausgangspunkt.

9 Ao Phang Nga – Mit Auto und Boot zu den Filmkulissen von James Bond

Charakteristik: Wildromantisch-bizarr ragen die Felsen und Inseln aus dem azurblauen Meer. Mit dem Boot erleben Sie diese Landschaft hautnah; **Fahrpreis für eine Bootstour:** ab ca. 600 Baht vom Festland bzw. ab 2000 Baht von Phuket aus; **Dauer:** Tagesausflug; **Länge:** ca. 160 km (retour); **Einkehrmöglichkeiten:** am Bootsanleger und auf den Inseln, die das Boot ansteuert; **Karte:** → Umschlagkarte vorne

Schon von Phuket aus, genauer von den nordöstlichen Landzungen aus, hat man einen faszinierenden Blick über die Phang-Nga-Bucht. Ein Erlebnis ist allerdings eine Fahrt mit dem Boot durch die Bucht.

Fahren Sie zunächst von Phuket Town aus in nördlicher Richtung, bis Sie über die **Sarasin Bridge** das Festland erreichen. Sie befinden sich nun in der Provinz Phang Nga, deren gleichnamige Hauptstadt weiter östlich liegt. Auf dem Weg zu dieser Stadt gibt es mehrfach Hinweisschilder, die auf Bootstouren in der Bucht aufmerksam machen. Am besten ist es, entweder in **Tha Ka Som** oder **Tha Dan** ein Boot zu mieten, da von hier aus die meisten Touren durchgeführt werden. Außerhalb der Hauptreisezeit kann es auch vorkommen, dass Sie zwar auf Schilder zu Anlegern stoßen, aber keine Boote finden.

Mit Langbooten zum Nationalpark

Vom Anleger aus geht es dann mit Langbooten los. Zunächst erscheint die Landschaft wie ein vielarmiger Fluss, tatsächlich befinden Sie sich jedoch in einer Meeresbucht, in der sich riesige Mangroveninseln gebildet haben. Garnelen- und Fischfallen säumen die Ufer, von Zeit zu Zeit passieren Sie kleinere Siedlungen, bis schließlich der **Nationalpark der Phang-Nga-Bucht** erreicht ist. Das zu den Kulturdenkmälern der Welt zählende Gebiet sucht seinesgleichen. Bizarr geformte Karstfelsen ragen als grünbewachsene Monolithen steil gen Himmel oder formen kleinere bewaldete Inseln mit herrlichen Stränden und einzelnen Dörfern. Die bekannteste dieser Inseln ist **Ko Tapu**, allgemein »James Bond Island« genannt, da hier einige Szenen des Films »Der Mann mit dem goldenen Colt« gedreht wurden.

Nur wenige Bootsminuten von dieser geschäftigen Insel entfernt herrscht wieder Ruhe. Seevögel kreisen in der Luft, mit etwas Glück tauchen Delfine auf. Auf einigen Inseln kann man Grotten besichtigen. Dort wachsen Stalaktiten stetig weiter von der Decke zum Meer herunter, nur wo der Boden nicht mit Wasser bedeckt ist, ragen auch Stalagmiten auf.

Einige Höhlen beherbergen Salanganen, eine Seglervogelart, die ihre Nester hoch oben an den Decken und Wänden befestigen. In der chinesischen und südostasiatischen Küche gelten solche Nester als Delikatesse, die, als Suppe gekocht, Linderung bei Krankheiten versprechen und aphrodisierend wirken sollen. Bei der »birds nest soup« handelt es sich um das ausgekochte Speichelnest mit mehr oder weniger Hölzchen und Federn, wobei feste Stücke vor dem Servieren abgeschöpft werden. Mutige Sammler erklimmen an abenteuerlichen Holzkonstruktionen die Decken, um an die begehrte Ware zu gelangen. Zum Schutz der Vögel wird das Sammeln nur zweimal pro Jahr freigegeben.

Ein Besuch im Fischerdorf auf **Ko Panyi** lohnt nur, wenn nicht zu viele Boote unterwegs sind, denn das Dorf auf Stelzen ist ebenfalls ein attraktives Fotomotiv. Nur die Moschee wurde aus Stein errichtet.

Mit dem Boot nach Ko Phi Phi – Ein wahrer Südseetraum

Charakteristik: Die kleinen Phi-Phi-Inseln, ca. 40 km (zwei Bootsstunden) südöstlich von Phuket, verbinden das Gefühl von Abenteuer in den Tropen mit angenehmem Komfort; **Abfahrt:** z. B. ab Ao Chalong; **Preis:** ab 500 Baht; **Dauer:** Tagestour, mehrtägiger Aufenthalt möglich; **Karte:** ---> S. 94

Malerisch liegen die Phi Phi Islands im azurblauen Meer. Die Schönheit der Inseln, das klare Wasser und die wunderbare Unterwasserwelt locken besonders in der Hochsaison Urlaubermassen hierher. Die beiden benachbarten Inseln **Phi Phi Don** und **Phi Phi Le** unterscheiden sich grundlegend voneinander. Während auf der größeren Insel Phi Phi Don der Tourismus an den herrlich weißen Sandstränden mit vielen Hotelanlagen Einzug gehalten hat, ist Phi Phi Le nach wie vor unbewohnt.

Etwa 10 m vor den Stränden von **Phi Phi Don** beginnen die Korallenriffe, die einst zu den schönsten der Welt zählten, inzwischen aber zunehmend unter dem Tourismus (Wasserverschmutzung und Beschädigungen durch ankernde Boote) leiden. Schnorcheln, Tauchen und Sonnenbaden stehen hier auf dem Programm. Vom Hauptstrand **Ton Sai** führen Pfade zu den anderen Stränden, durch die Reste des Regenwaldes und zum Dorf der Seenomaden im Norden der Insel.

Phi Phi Le hat nur einen Strand. Hier begeistern die bizarr geformten Felsabbrüche. Oft reicht der Dschungel über Abbruchkanten hinweg scheinbar bis zum Meer, dann wieder führt die Bootstour entlang schroffer Karstfelsen und durch natürliche Tunnel. Attraktion der Insel sind ihre Höhlen, in denen Seglervogelnester gesammelt werden, um zur »bird's nest soup« – jenem aphrodisierenden und sonstige Heilwirkung versprechenden

Ko Phi Phi ist ein grüner Gebirgsblock im Ozean und nur mit dem Fährschiff erreichbar.

Sud aus den Nestern der Salanganen (→ S. 92) – verarbeitet zu werden, und die **Viking Cave**. In dieser Höhle wurden Felsmalereien entdeckt, die entfernt an ein Wikingerboot erinnern.

Hotels:

Phi Phi Island Village (⇢ S. 94, b 1)
Das sehr komfortabel eingerichtete Resort lässt keinen Wunsch offen (Buchung auf Phuket: 89 Satoon Rd.; Tel. 076/61 29 15, Fax 61 29 16; www.ppisland.com; 84 Bungalows ●●●● CREDIT)

Phi Phi Island Cabana (⇢ S. 94, b 2)
Sehr hübsche Hotelanlage mit gutem Service am herrlichen Sandstrand (Tonsai Bay; Tel. 075/61 21 32, 61 25 94, Fax 61 21 32; 80 Zimmer ●●●/●●●● AmEx MASTER VISA)

Phi Phi Princess Resort (⇢ S. 94, b 1)
Gut in das Inselbild integrierte Anlage mit schöner Poollandschaft. Direkt am Laem Thong (Tel. 076/62 20 79, Fax 61 21 88; 120 Zimmer ●●● AmEx MASTER VISA)

Die Hauptstadt Bangkok – Eine faszinierende Metropole, die man erleben muss

Charakteristik: Die Millionenstadt Bangkok ist der Inbegriff des Landes des Lächelns, wenn auch mit Verkehrschaos und viel Schmutz; **Anreise:** von Phuket aus nach Bangkok entweder mit dem Flugzeug (ca. 1 Std.), dem Expressbus (12 Std.) oder der Bahn (10 Std.); alle drei verkehren täglich, Flugzeuge mehrmals täglich; **Informationen:** TAT in Phuket Town und Bangkok; **Dauer:** mindestens 2 Tage; **Länge:** ca. 800 km (einfach); **Übernachtungsmöglichkeiten:** Four Seasons Hotel (155 Ratchadamri Rd.; Tel. 02/2 51 61 27, Fax 2 53 91 95; www.fourseasons.com; 363 Zimmer ●●●● CREDIT); Millenium Hilton Bangkok (Klongsan; Tel. 02/4 42 20 00, Fax 4 42 20 20; www.hilton.com; 543 Zimmer ●●●● CREDIT)

Kamen Abenteurer und Kaufleute früherer Zeiten aus Asien zurück in die europäische Heimat, berichteten sie stets von allerlei Exotischem. So verschieden die Schilderungen waren, fast immer wurde von der Freundlichkeit im Königreich **Siam** (dem heutigen Thailand) und der Pracht seiner Hauptstadt berichtet. Im »Land des Lächelns« galt **Bangkok** als »Stadt der Pagoden«, wobei stets erwähnt wurde, dass die Pagoden mit Dächern aus purem Gold geschmückt seien.

Tempel und Paläste gibt es auch heute noch genügend in dieser Metropole Asiens, die allerdings auf den ersten Blick oft wie ein Moloch wirkt. Exakte Bevölkerungszahlen gibt es nicht, inoffiziell geht man aber von fast zehn Millionen Bewohnern aus. Weiterführende Informationen im MERIAN *live!*-Band »Thailand«. Verkehrsgewühl, Abgase und die enorme Hitze wirken zunächst abschreckend. Doch die vielfältigen Sehenswürdigkeiten, die alten Paläste und die Konsumtempel des 20. Jh. lenken rasch davon ab.

Viele der Sehenswürdigkeiten im Stadtzentrum sind mühelos zu Fuß erreichbar. Ein absolutes Muss ist der Besuch im **Königspalast**, der heute nicht mehr Wohnsitz des Monarchen ist, aber für zeremonielle Anlässe genutzt wird. Höhepunkte sind hier: der Krönungspalast (**Amarinda Wintchai Pavillion**), der **Wat Phra Keo** mit seinem berühmten Smaragd-Buddha, der zu den Nationalheiligtümern des Landes gehört, und der **Chakri-Maha-Prasat-Palast**, der thailändische und britische Baustile vereinigt (tgl. 8.30–15.30 Uhr; Eintritt 200 Baht).

Im **Wang-Suan-Pakkard-Palast**, östlich der Innenstadt, residierte einst die Prinzessin Chumbhot. Allein die Gebäude aus Teakholz, die ursprünglich in Chiang Mai im Norden des Landes standen und erst in den 50er-Jahren hierher transportiert wurden, sind eine Augenweide. Gleichzeitig strahlt der umliegende Garten so viel Ruhe aus, dass auch lärmgeplagte Besucher zum Verschnaufen hierherkommen. (tgl. außer So 9–16 Uhr; Eintritt 100 Baht).

Aus der Vielzahl der Tempel seien hier noch der **Wat Po** mit seinem riesigen liegenden Buddha und der **Wat Saket** genannt, dessen **Chedi** (Kuppel) wohl erklärt, weshalb goldbesessene Europäer von diesem Land so fasziniert waren.

Fast auf jeder Besuchsliste steht die **Patpong Road**, die inklusive ihrer Nebenstraßen den Ruf der Stadt als »Sündenbabel« mitbegründet. Im Bereich dieser Straßen befindet sich aber auch ein sehr großer Nachtmarkt, wo auch gängige Markenplagiate verkauft werden (→ S. 19). Wer sich dem Einkaufen hemmungslos hingeben will, dem sei außerdem die Gegend um **Ploenchit**, **Sukhumvit**, **Suriwong** und **Silom Road** empfohlen.

Wissenswertes über Phuket

Allabendlich erwacht die Amüsiermeile von Patong (→ S. 50) mit ihrem Neonreklame-Wald zum Leben, und sowohl Thailänder als auch Touristen stürzen sich ins Getümmel.

Phuket im Überblick: mit Reiseknigge, Sprachführer, Essdolmetscher und vielen anderen nützlichen Infos. Damit Sie zufrieden ankommen und Ihr Reiseziel noch zufriedener verlassen.

Jahreszahlen und Fakten im Überblick

200 n. Chr.
Der alexandrinische Erd- und Sternforscher Claudius Ptolemäus zeichnet eine Karte der malaiischen Halbinsel, auf der eine Gegend erscheint, die wohl das heutige Phuket darstellt. Zu diesem Zeitpunkt bestand wahrscheinlich noch eine Verbindung zum Festland. Damals wurde die Region als »Salang« oder »Talang« bezeichnet und galt als guter Ankerplatz für Fahrten von »Suwanapoom« (goldenes Land) zur Spitze der malaiischen Halbinsel.

1025
Tamilische Seefahrer aus Indien geben der Insel den Namen »Manikram« (Juwelen-Stadt). Durch den regen Handel mit Indien gelangte der Buddhismus in der Zeit vom 4. bis 6. Jh. nach Südthailand.

bis 1250
Die Bewohner der Insel setzen sich aus verschiedenen Volksgruppen zusammen, die aus Negritos von den Andamanen, den als Piraten gefürchteten Seezigeunern oder »chao'le« und Abkömmlingen der Mon- und Khmer-Völker aus Birma bestanden. Die Birmesen beherrschten die Insel seit Mitte des 11. Jh., nachdem sie die indischen Einwanderer besiegt hatten.

1250
Es gelingt dem Thai-König Ramkamhaeng, die Khmer-Herrscher bei Sukothai vernichtend zu schlagen. Unter ihm entstehen die Thai-Sprache und -Schrift, die Elemente der Mon- und Khmer-Sprache in sich vereinigen, somit also auch auf deren Wurzeln, dem Sanskrit, aufbauen.

1350
Die Macht Sukothais verblasst. Das neue Königreich heißt Ayutthaya. Nur wenige Jahre nach der Machtübernahme werden auf Phuket Reichtümer entdeckt, zu denen Erze und Gewürze gehören. Gerne ließen sich die Herrscher in der fernen Hauptstadt mit diesen Schätzen Tribut zollen. Etwa zu dieser Zeit erhielt die Insel ihren neuen Namen Phuket, der wohl vom malaiischen Wort »bukit« (Hügel) abgeleitet wurde.

Ab Ende des 16. Jh.
Der Reichtum des Königreiches und der Insel Phuket lassen die europäischen Interessen in der Region stark wachsen. Allerdings fürchten die Thai um ihre Eigenständigkeit und überwachen das königliche Zinnmonopol, um einen europäischen Einfluss auszuschließen. Portugiesen, Franzosen und Engländer bemühen sich vergeblich um Phuket, allerdings gelingt es ihnen, der Piraterie Herr zu werden.

1689
Es kommt zum Eklat zwischen den Europäern und der Regierung in Ayutthaya, die alle Ausländer des Landes verweist.

1767
Ayutthaya, die Hauptstadt von Siam, wird durch birmanische Truppen zerstört. Die Invasoren bemühen sich, das ganze Land zu besetzen. Phuket wird viermal vergeblich angegriffen.

1785/86
Birmanische Truppen stehen bei Thalang und rüsten zum entscheidenden Angriff auf Phuket. Die Frau des Gouverneurs Khunying Jan (oder Chan) und ihre Schwester Khun Mook (oder Muk) organisieren den Widerstand so erfolgreich, dass die Birmesen den Rückzug antreten. König Rama I. erhebt sie daraufhin in den Adelsstand.

19. Jh.
Der Mangel an Arbeitskräften und die Tatsache, dass die Kolonisierung Siams abgewendet schien, da sich die

Engländer auf Penang etabliert hatten, ermöglicht eine neue Öffnung. Chinesische und malaiische Arbeitskräfte kommen in Scharen nach Phuket.

1851
Mongkut wird unter dem Namen Rama IV. König von Siam. Er öffnet das Land westlichen Einflüssen.

1903
Mit dem Auspflanzen der ersten Kautschukbäume wird ein neuer Wirtschaftszweig auf der Insel begründet.

1933
Phuket wird eigenständige Provinz.

1939
Das Königreich Siam wird in Thailand (etwa: Land der Freien) umbenannt.

1947
Das Militär übernimmt die Macht in Bangkok.

Mitte/Ende des 20. Jh.
Sinkende Preise für Zinn und Rohgummi, bringen empfindliche Einbußen für das einst reiche Phuket mit sich.

1957
Die sozialistische Partei gewinnt die Wahlen, das Militär übernimmt erneut die Macht, behindert die Demokratisierungsbestrebungen und nimmt Beziehungen zu den USA auf, die fortan Militärstützpunkte einrichten dürfen.

1964
Mit Beginn des Vietnamkrieges kommen zunehmend amerikanische Soldaten auch nach Phuket, um hier ihren Erholungsurlaub zu verbringen.

1973
Die Regierung beschließt, Phuket für den Tourismus zu erschließen.

1988
Der konservative Politiker Chatichai wird erster gewählter Premier. Unter seiner Federführung wird der Tropenholzeinschlag im Land verboten, nachdem 1988/1989 die Regenfälle starke Erosionsschäden auf den entwaldeten Böden angerichtet hatten.

1991
Erneuter Putsch der Militärs. Premier wird (1992) General Suchinda.

1992
Unter dem Druck des Königshauses dankt der General ab, Chuan Leekpai übernimmt sein Amt.

1996
König Bhumipol Adulyadej, Rama IX., feiert sein 50. Thronjubiläum.

1998
Das von einer ökologischen Krise gezeichnete Südostasien (Waldbrände in Malaysia und Indonesien) erlebt rasante Kursstürze an den Börsen der Region. Für Europäer wird der Urlaub besonders preiswert: Phuket wird vom Reisemagazin »Globo« zur »Besten Tropeninsel« gewählt.

2001
Neuer Ministerpräsident wird Taksin Shinawatra von der Partei Thai Rak.

2004
Am 26. Dezember überrollt eine riesige Flutwelle (Tsunami) Teile der Strände. Über 2000 Menschen kommen auf der Insel zu Tode.

2006
Am 19. September kommt es während einer Auslandsreise von Premier Thaksin zum Militärputsch in Thailand. Auf Phuket ist von den unruhigen Zuständen kaum etwas spürbar. König Bhumipol feiert seinen 80. Geburtstag.

2007
Thailand kann auf der ITB einen neuen Besucherrekord verkünden: 2006 kamen 516 659 Deutsche ins Land.

Nie wieder sprachlos

Wer einige Wörter des für europäische Zungen enorm schwierigen Thai erlernen will, sollte unter dem Stichwort Sprache nachschlagen (→ Phuket von A–Z, S. 111).

Wichtige Wörter und Ausdrücke

ja	*yes*
nein	*no*
bitte	*my pleasure, you're welcome*
danke	*thank you*
Wie bitte?	*Pardon?*
Ich verstehe nicht	*I didn't understand you*
Entschuldigung	*Sorry, I beg your pardon, excuse me*
Guten Morgen	*Good morning*
Guten Tag	*Hello*
Guten Abend	*Good evening*
Ich heiße ...	*My name is ...*
Ich komme aus ...	*I come from ...*
Wie geht's?	*How are you?*
Danke, gut	*Thanks, fine*
wer, was, welcher	*who, what, which*
wie viel	*how many, how much*
Wo ist ...	*Where is ...*
wann	*when*
wie lange	*how long*
Sprechen Sie Deutsch?	*Do you speak German?*
Auf Wiedersehen	*Good bye*
Bis bald	*See you soon*
heute	*today*
morgen	*tomorrow*

Zahlen

null	*zero*
eins	*one*
zwei	*two*
drei	*three*
vier	*four*
fünf	*five*
sechs	*six*
sieben	*seven*
acht	*eight*
neun	*nine*
zehn	*ten*
zwanzig	*twenty*
fünfzig	*fifty*
einhundert	*one hundred*
eintausend	*one thousand*

Wochentage

Montag	*Monday*
Dienstag	*Tuesday*
Mittwoch	*Wednesday*
Donnerstag	*Thursday*
Freitag	*Friday*
Samstag	*Saturday*
Sonntag	*Sunday*

Mit und ohne Auto

Wie weit ist es nach ...?	*How far is it to ...?*
Wie kommt man nach ...?	*How do I get to ...?*
Wo ist ...?	*Where is ...?*
– die nächste Werkstatt	*– the next garage*
– der Bahnhof/ Busbahnhof	*– the station/ bus terminal*
– die Touristen-information	*– the tourist information*
– die nächste Bank	*– the next bank*
– die nächste Tankstelle	*– the next gas station*
Wo finde ich einen Arzt/eine Apotheke?	*Where do I find a doctor/ a pharmacy?*
Bitte voll tanken	*Fill up please*
Normalbenzin	*Regular gas*
Super	*Super*
Diesel	*Gasoil*
rechts	*right*
links	*left*
geradeaus	*straight ahead*
um die Ecke	*round the corner*
Ich möchte ein Auto/ein Fahrrad mieten	*I would like to rent a car/bike*
Wir hatten einen Unfall	*We had an accident*
Eine Fahrkarte nach ... bitte	*A ticket to ... please*

Ich möchte ... Euro in ... wechseln	*I would like to change foreign currency*

Hotel

Ich suche ein Hotel	*I'm looking for a hotel*
– eine Pension	*a guesthouse*
Ich suche ein Zimmer für ... Personen	*I'm looking for a room for ... people*
Haben Sie noch Zimmer frei?	*Do you have any vacancies?*
– für eine Nacht	*– for one night*
– für zwei Tage	*– for two days*
– für eine Woche	*– for one week*
Ich habe ein Zimmer reserviert	*I made a reservation for a room*
Wie viel kostet das Zimmer?	*How much is the room?*
– mit Frühstück	*– including breakfast*
– mit Halbpension	*– half board*
Kann ich das Zimmer sehen?	*Can I have a look at the room?*
Ich nehme das Zimmer	*I'd like to have this room*
Kann ich mit Kreditkarte zahlen?	*Do you accept credit cards?*

Restaurant

Wir haben einen Tisch reserviert	*We have booked a table*
Die Speisekarte bitte	*Could I see the menu please?*
Die Rechnung bitte	*Could I have the check please?*
Akzeptieren Sie Kreditkarten?	*Do you accept credit cards?*
Ich hätte gern einen Kaffee	*I would like to have a cup of coffee*
Auf Ihr Wohl	*cheers*
Wo finde ich die Toiletten (Damen/Herren)?	*Where are the washrooms (ladies/gents)?*
Kellner	*waiter*
Frühstück	*breakfast*
Mittagessen	*lunch*
Abendessen	*dinner*

Einkaufen

Wo gibt es ...?	*Where do I find ...?*
Haben Sie ...?	*Do you have ...?*
Was ist das/wie heißt das?	*What is that/how do you call this?*
Wie viel kostet das?	*How much is this?*
Das gefällt mir (nicht)	*I like it/I don't like it*
Das ist zu teuer	*That's too expensive*
Ich nehme es	*I'll take it*
Geben Sie mir bitte 100 Gramm/ein Pfund/ein Kilo	*I would like to have one hundred grams/one pound/one kilo*
Danke, das ist alles	*Thank you, that's it*
geöffnet/geschlossen	*open/closed*
Bäckerei	*bakery*
Einkaufszentrum	*shopping mall*
Kaufhaus	*department store*
Markt	*market*
Metzgerei	*butcher's*
Haushaltswaren	*household supplies*
Lebensmittelgeschäft	*grocery*
Briefmarken für einen Brief/eine Postkarte nach Deutschland/Österreich/in die Schweiz	*stamps for a letter/postcard to Germany/Austria/Switzerland*

Ämter, Banken, Zoll

Haben Sie etwas zu verzollen?	*Do you have anything to declare?*
Ich möchte einen Reisescheck einlösen	*I would like to cash a travellers check*
Ich habe meinen Pass/meine Brieftasche verloren	*I have lost my passport/my wallet*
Ich suche einen Geldautomaten	*I am looking for an ATM*
Ich möchte nach Deutschland telefonieren	*I would like to place a call to Germany*

Die wichtigsten kulinarischen Begriffe

Im Restaurant

Die Speisekarte bitte	*Could I see the menu please?*
Die Rechnung bitte	*Could I have the bill please?*
Ich hätte gern einen Kaffee	*I would like to have a cup of coffee*
Auf Ihr Wohl	*Cheers*
Wo finde ich die Toiletten (Damen/Herren)?	*Where are the washrooms (ladies/gents)?*
Kellner	*waiter*
Frühstück	*breakfast*
Mittagessen	*lunch*
Abendessen	*dinner*

A

ahan gangwan: Mittagessen
ahan tschau: Frühstück
ahan yen: Abendessen

B

ba mie: gelbe Weizenmehlnudeln in verschiedensten Zubereitungen
bai ma grud: Limettenblätter
bai manglak: Basilikum
bed: Ente
bed op nam püng: gebackene Ente mit Honig
bed paloh: Ente in süßsaurer Sauce
bia: Bier
bo(h): Krabben
bor bia tord: Frühlingsrolle

F

fak tong: Kürbis
farangh: Guaven

G

gabi: Garnelenpaste
gäng gai: Hühnchenragout
gäng garih: mildes indisches Curry
gäng khion wahn: grünes Curry mit Shrimpspaste
gäng laing: thailändische Gemüsesuppe
gäng masaman: würziges, mildes, leicht süßliches Curry
gäng nua: Rindfleischragout
gäng ped gai: scharfes Hühnchencurry
gäng som: Fisch- und Gemüsegericht
gafä: Kaffee mit Milch
gafä damrorn: Kaffee ohne Milch
gai: Huhn
gieo nam: Wonton-Suppe
gruei: Banane
gueh tiao: weiße Reisnudeln
gung: Hummer, Garnele
gung häng: getrocknete Garnelen
gung yang: gegrillte Garnelen

H

hua hom: Zwiebeln
hua schai po: Rettich

K

ka ti: Kokosmilch
kam puh tord: Krabbenfleisch
kao: Klebreis
kao bed: gebratener Reis mit Entenfleisch
kao dom gai: Reissuppe mit Huhn
kao dom mo: Reissuppe mit Schweinefleisch
kao dom plah: Reissuppe mit Fisch
kao gai: Reis mit Huhn
kao man gai: in Scheiben geschnittenes, gekochtes Huhn mit Reis
kao mo daeng: Reis mit rotem Schweinefleisch
kao mo tora: gebratene Schweinefleischscheiben mit Reis
kao nieo: sticky rice, Klebreis, der zu Bällchen gerollt wird
kao nor maigai: Reis mit Huhn und Bambussprossen
kao pad: gebratener (fried) Reis
kao pad gung: Reis mit Garnelen
kao pad talee: Reis mit Meeresfrüchten
kao plao: trockener Reis
kao suay: Duftreis
kau poht: Mais
khai chiao: Omelett
khai dao: gebratenes Ei
khai tord sai mo: Omelett mit Schweinefleisch

khai yad sai: gefülltes Omelett mit Fleisch oder Gemüse
khanom büang: »Plätzchen« mit süßer oder salziger Füllung (meist mit Kokosnuss)
kratiem: Knoblauch
krüang gäng: Currypaste

L
lao: Alkohol
lin ji: Lychees

M
maah hoo: Fleischbällchen auf Ananas
mähkong: Mekong Whisky
makahm: Tamarinde
maköa jao: Aubergine
maköa tät: Tomate
malakor: Papaya
manao: Zitrone
man farang: Kartoffel
mamuang: Mango
mangkut: Mangosteen
maprao: Kokosnuss
med mamuang himmapan: Cashewnuss
miang gai: Hühnerbrust auf Salat
mie klob: gebratene Nudeln
mo: Schweinefleisch
mo ob sapporot: Schweinefilet mit Ananas
mo satäh: Saté vom Schwein

N
nam dan: Zucker
nam jim muh sate: Erdnusssauce
nam lorn: heißes Wasser
nam maprao on: Saft der grünen Kokosnuss (oft gesüßt mit Eiswürfeln serviert)
nam plaa prik: Chilisauce mit Koriander
nam plan: Fischsauce
nam prik: Chilisauce
nam räh: Mineralwasser
nam som: Orangensaft
normai: Bambussprossen
nüah: Rindfleisch

P
pad phet mo sei normai: Schweinefleisch mit Bambus
pad phet tua fak jao: Rindfleisch mit grünen Bohnen
pak: Gemüse
ped: Entenfleisch
phat thai: gebratene Nudeln
plah: Fisch
plah kapong: Barsch
plah mük: Tintenfisch
plah priao wan: Fisch, süßsauer
plah tord: gebratener Fisch
plah tu: Tunfisch
polaris: Trinkwasser in Flaschen
priao wan: süßsauer
prik ki nu: Chili
prik shi fa: Peperoni
prik tai: Pfeffer

R
raprathan: essen
roohn: heiß

S
sapparot: Ananas
sen guetiö: Reisnudeln
sie juh: Sojasauce
som: Orange

T
takrei: Lemongras
tao hu: Tofu
teang mo: Wassermelone
toa li song: Erdnuss
toa ngog: Sojasprossen
tom: gekocht
tom ka gai: Hühnersuppe mit Curry und Kokosnuss
tom khlong: gesalzener Fisch, gekocht mit Tamarinde und Zwiebeln
tom yam gung: Garnelensuppe
ton hom: Frühlingszwiebeln
tord: gebraten
tschah: Tee
tschah lorn: heißer schwarzer Tee
tschah yen: Eistee
tuna: Tunfisch

Y
yam nüah: süßscharfer Rindfleischsalat
yang: gegrillt
yen: kalt

Nützliche Adressen und Reiseservice

Auf einen Blick

Bevölkerung: Thai (ca. 60 %), Chinesen (ca. 35 %), Chao'le (Seezigeuner) Malaien, Tamilen sowie so genannte »expats« (Auswanderer aus westlichen Ländern)
Einwohnerzahl: ca. 250 000, außerdem etwa 2,5 Millionen Touristen jährlich
Fläche: 543 qkm
Religion: Vorherrschende Religion ist der Buddhismus; daneben islamische, hinduistische, christliche und animistische Minderheiten
Sprache: Thai, in touristischen Einrichtungen auch Englisch
Verwaltungseinheit: Phuket ist eine der 75 Provinzen Thailands
Wirtschaft: hauptsächlich Tourismus, daneben Fischfang, Garnelenzucht, Reisanbau, Kautschuk, Ananas

Anreise

Mit dem Flugzeug

Zahlreiche Fluggesellschaften fliegen regelmäßig Phuket an, manchmal direkt, oft allerdings via **Bangkok, Kuala Lumpur** oder **Singapur.** Direktflüge werden von fast allen Chartergesellschaften angeboten. Trotzdem schafft es keine Airline, mit weniger als zehn Stunden Flugzeit auszukommen. Gerade während der Ferien kommt es häufig zu Engpässen. Rechtzeitig zu buchen, ist daher wichtig.

Je nach Saison liegen die Flugpreise zwischen 550 und 950 €, bei preiswerten Flügen ist oft der Service schlecht, und/oder es gibt (mehr) Zwischenlandungen. Geld spart, wer pauschal reist. Es gibt schon Angebote von etwa 1000 € für zwei Wochen Aufenthalt (oft sogar in Häusern der Oberen Preisklasse), Übernachtung mit Frühstück und Flug inklusive.

Beachten Sie bei der Buchung Ihres Hinfluges, dass Sie möglichst nachmittags oder abends abfliegen. Es fällt dann relativ leicht, unterwegs mehrere Stunden zu schlafen. Nachdem die Zeit dadurch »wie im Fluge« vergangen ist, erreichen Sie Phuket vormittags – und der Urlaub kann gleich am Anreisetag beginnen! Dies gilt auch dann, wenn der erste Stopp in Bangkok erfolgt. Für den Weiterflug sollte man versuchen, bis zum Nachmittag Phuket zu erreichen, um noch bei Sonnenlicht zum Hotel zu kommen.

Flugrückbestätigung

LTU:
Tel. 0 76/32 73 29
Emirates:
Tel. 0 76/21 28 92
Lufthansa:
Tel. 02/2 64 24 00
Lauda Air:
Tel. 02/2 33 25 65-6
Singapore Airlines:
Tel. 0 76/21 38 91
Thai Airways:
Tel. 0 76/21 11 95, 2 12 29 46

Ein- und Ausreise

Schon vor der Ankunft, spätestens aber in der Ankunftshalle müssen Sie Ihre **Einreisekarte** ausfüllen, mit der Sie eine Aufenthaltsgenehmigung von bis zu 30 Tagen erhalten, sofern Sie vorher kein **Visum** beantragt hatten. Nach der Passkontrolle geht's weiter zum Gepäckband und von hier zum **Zoll.** Pro Person bzw. Familie muss eine Zollerklärung ausgefüllt und abgegeben werden.

Achtung bei der Ausreise: Neben einigen Artikeln dürfen auch keine Buddhastatuen ausgeführt werden, es sei denn, Sie können nachweisen, dass Sie Buddhist sind!

Vom Flughafen in die Stadt oder zum Urlaubsstrand

Am einfachsten haben es diejenigen, die eine Unterkunft gebucht haben. Pauschalreisende werden vom Veranstalter, Individualreisende vom Hotel abgeholt. Kalkulieren Sie je nach Entfernung pro Fahrt bis zu 600 Baht ein. **Taxis** fahren nach einem **Coupon-System**, d. h., Sie bezahlen am zentralen Schalter, bekommen ein Taxi zugewiesen, und los geht's. Je nach Entfernung liegt der Preis bei mindestens 400 Baht. Mit genügend Geduld können Sie auch auf den **Bus** warten, der regelmäßig nach Phuket Town fährt (120 Baht).

Anreise aus anderen Regionen Thailands

Wer den Aufenthalt auf der Insel mit einem Besuch in Bangkok oder anderen Gegenden Thailands verbinden möchte, kann entweder auf zahlreichen nationalen Strecken mit **Thai Airways** fliegen oder mit öffentlichen Transportmitteln (Bus) anreisen. Preiswerter als Thai Airways sind die regionale Fluggesellschaft **Phuket Air** (74/147 Poonphol Plaza, Phuket Town; Tel. 0 76/22 01 84-5, Fax 22 01 86; www.phuketairlines.com) und die neue asiatische Billigfluglinie **Air Asia** (www.airasia.com), die günstigste Preise über das Internet anbietet, rechtzeitige Buchung und Verfügbarkeit vorausgesetzt (Bordservice gibt es hier nicht, ebenso wenig wie reservierte Sitzplätze!). Etwa zwölf Stunden dauert eine Fahrt im Bus von Bangkok aus. Normalbusse kosten 280 Baht, a/c-Busse (mit Klimaanlage) zwischen 390 und 500 Baht, VIP Busse (besser ausgestattet) knapp 800 Baht. Zwischen den übrigen Inseln in der Region um Phuket bestehen zudem Schiffsverbindungen, klassischer ist die Anreise mit dem Kreuzfahrtschiff von Singapur aus.

Auskunft

Thailändisches Fremdenverkehrsamt

Das Büro ist auch für Österreich und die Schweiz zuständig.

Bethmannstr. 58, 60311 Frankfurt/M.; Tel. 0 69/1 38 13 90, Fax 13 81 39 50; www.thailandtourismus.de

Tourist Authority of Thailand (TAT)

– Ankunftshalle des Flughafens (nur sporadisch besetzt)

– 73–75 Phuket Rd., Phuket Town

→ Umschlagkarte hinten, c 3

(Informationsbroschüren, Karten und Stadtpläne); Tel. 0 76/21 22 13 und 21 10 36, Fax 21 35 82

Entfernungen (in km) zwischen wichtigen Orten auf Phuket

	Ao Po	Bang Tao	Kamala	Laem Panwa	Patong	Phang Nga	Phuket Town	Rawai	Sarasin Bridge	Thai Muang
Ao Po	–	23	26	35	36	88	25	40	28	51
Bang Tao	23	–	3,5	31,5	13,5	92,5	21,5	35,5	42,5	65,5
Kamala	26	3,5	–	33	9	96	24	39	46	79
Laem Panwa	35	31,5	33	–	24	104	10	18	54	77
Patong	36	13,5	9	24	–	105	14	20	55	78
Phang Nga	88	92,5	96	104	105	–	94	103	50	55
Phuket Town	25	21,5	24	10	14	94	–	15	44	67
Rawai	40	35,5	39	18	20	103	15	–	53	76
Sarasin Bridge	28	42,5	46	54	55	50	44	43	–	23
Thai Muang	51	62,5	79	77	78	55	67	76	23	–

Behinderte

In fast allen Ländern der Region nehmen Menschen mit Behinderungen fast nicht am öffentlichen Leben teil. Dies gilt auch für Thailand. Hohe Bordsteinkanten, fehlende oder stark beschädigte Gehsteige, fehlende Aufzüge und oftmals schmale Türen (von fehlenden behindertengerechten sanitären Einrichtungen ganz zu schweigen), wenig Platz im Gepäckraum der Taxen und unüberwindlich hohe Stufen bei Bussen, all dies macht eine Reise mit Rollstuhl zur Tortur. Wer es dennoch wagen möchte, braucht einerseits eine stets helfende Begleitperson und wird andererseits nach erstem Unverständnis von den Thai sicherlich oft herzliche Hilfe bekommen.

Bevölkerung

Von den etwa 63 Mio. in Thailand lebenden Menschen lebten bei der letzten Zählung im Januar 1995 knapp 200 000 auf Phuket, inzwischen dürften es etwa 250 000 sein. Die Mehrheit bilden thailändische Buddhisten chinesischer Abstammung, hinzu kommen Thai, Moslems, Sikhs und Christen. Knapp 2 % der Gesamtbevölkerung entfallen auf die Seezigeuner oder »chao'le«.

Buchtipps

Wer das fremde und überaus gastfreundliche Thailand nicht nur als Urlaubsland erleben will, sondern auch zumindest in den Grundzügen kennen lernen möchte, ist mit dem Buch **Reiseknigge Asien** (Koval Verlag, 1999; ISBN 978-3-931464-14-8) bestens bedient. Hier erfahren Sie viel über Sitten und Gebräuche sowie über Tabus und Fettnäpfchen und wie man sie vermeidet. Ideal ist das Buch auch für diejenigen, die noch andere Länder der Region bereisen (zum Beispiel mit dem Kreuzfahrtschiff), denn außer Thailand werden auch Indonesien, Malaysia, Singapur und Vietnam behandelt.

Speziell für Taucher sind die beiden Bände aus der Reihe der Praxishandbücher **Tauchen in warmen Gewässern** (Reise Know-How, 2002; ISBN 978-3-89416-760-8) und **Wracktauchen weltweit** (Reise Know-How, 2002; ISBN 978-3-8317-1045-4; beide von Klaus Becker) sicherlich eine gute Orientierungshilfe.

Eine Reise in die Tropen hat so ihren Reiz. Richtig spannend wird es dann aber erst, wenn man die unzähligen Vierbeiner, denen man tagtäglich begegnet, erkennt und ihre (möglicherweise) Gefährlichkeit einzuschätzen weiß. Das Praxishandbuch **Was kriecht und krabbelt in den Tropen** (Reise Know-How, 2003; ISBN 978-3-8317-1079-9) hilft in diesem Fall weiter.

Diplomatische Vertretungen

Botschaft der Bundesrepublik Deutschland
9 Sathorn Thai Rd., Bangkok; Tel. 02/2 87 90 00; Mo, Mi, Fr 8–14, Di, Do 8–16.15 Uhr; Tel. für Notfälle außerhalb der Geschäftszeiten 01/8 45 62 24; auf Phuket: 0 76/35 41 19, 09/6 68 36 35

Botschaft der Republik Österreich
14 Soi Nantha, Sathorn Thai Rd., Bangkok; Tel. 02/2 87 39 70-2; Mo–Fr 9–12 Uhr; auf Phuket: 0 76/24 83 34-6

Botschaft der Schweiz
35 North Wireless Rd., Bangkok; Tel. 02/2 53 01 56-60; Mo–Fr 9–12 Uhr

Feiertage

1. Januar Neujahr
Ende Januar/Anfang Februar Chinesisches Neujahrsfest
Mitte April Songkran (thailändisches Neujahrsfest)
1. Mai Tag der Arbeit
5. Mai Krönungstag des Königs
12. August Geburtstag der Königin
5. Dezember Geburtstag des Königs
10. Dezember Tag der Verfassung
31. Dezember Silvester

Fällt ein Feiertag auf ein Wochenende, ersetzt der folgende Montag den verlorenen Feiertag.

Fernsehen

Das Fernsehgerät wird überall in Thailand ausgiebig zur Unterhaltung genutzt. Größere Hotels empfangen normalerweise Satellitensender. Hinzu kommen oft noch Pay-TV oder hotelinterne Videokanäle, oft kann man auch Videokassetten ausleihen.

FKK

Nacktbaden ist verboten. An den Urlaubsstränden hat sich zwar das Sonnenbad »oben ohne« durchgesetzt, ist aber eigentlich ebenfalls verboten. Wie weit die Lebensgewohnheiten im Gastland respektiert werden, mag jeder selbst entscheiden, doch zu bedenken ist, dass in vielen Gegenden auf Phuket Moslems leben.

Flughafengebühr

Bei Flügen innerhalb Thailands müssen pro Person 30 Baht, bei Auslandsflügen pro Person 500 Baht Gebühr beim Check-in bezahlt werden.

Fotografieren

Bevor man Menschen fotografiert, sollte man erst um Erlaubnis fragen. In den Dörfern der Seezigeuner wird man meist als »Gegenleistung« um Geld gebeten. Achten Sie beim Filmkauf auf das Verfallsdatum und darauf, dass Sie keinen Film erwerben, der zuvor in einer Vitrine dem Sonnenlicht ausgesetzt war. Die Filmentwicklung wird »an jeder Ecke« zu günstigen Preisen und sehr rasch (1–24 Stunden) angeboten. Vergleichen Sie die Preise, und lassen Sie möglichst erst nur einen Film entwickeln, da die Qualität nicht immer unseren Anforderungen entspricht.

Geld

Thailands Währung ist der **Baht** (B). Im Umlauf sind Noten zu 10, 20, 50, 100 und 500 Baht sowie Münzen zu 1, 2, 5 und 10 Baht. Ein Baht ist in 100 **Satang** (Münzen zu 10, 25 und 50 Satang) unterteilt. Banken und Wechselstuben (»authorised money changer«) wechseln Bargeld und Travellerschecks in der Regel problemlos, sofern Sie den Reisepass vorlegen.

Wechselkurse

Baht	Euro	Franken
10	0,23	0,37
50	1,15	1,85
100	2,30	3,70
150	3,45	5,55
200	4,60	7,40
250	5,75	9,25
500	11,50	18,50
800	18,40	29,60
1000	23,00	37,00
1500	34,50	55,50
2000	46,00	74,00
3000	69,00	111,00
10 000	230,00	370,00

Stand: September 2007

Nebenkosten
(umgerechnet in €)

1 Tasse Kaffee	0,45
1 Bier	ab 1,40
1 Cola	ab 0,65
1 Port. Reis m. Gemüse	0,60
1 Schachtel Zigaretten	0,80
1 Liter Normal-Benzin	0,55
Bahnfahrt 100 km (2. Klasse)	2,00
Mietwagen/Tag	ab 25,00

Die Elektronik macht es mittlerweile auch in Thailand möglich, Geld mit Hilfe der EC-Karte am Bankautomaten abzuheben. Voraussetzung ist das Maestro- oder Cirrus-Logo auf der Karte (Deckung natürlich auch). Solche Automaten findet man an einigen Stellen in Patong und an fast allen Banken in Phuket Town. Diese Bargeldabhebungen sind nicht ganz billig. In der Regel wird ein bestimmter Prozentsatz des Betrages als Servicegebühr auf die ausgezahlte Summe aufgeschlagen. Oft gibt es Mindestkosten. Erkundigen Sie sich bei Ihrer Hausbank. Meist lohnt es sich, einmalig einen größeren Betrag abzuheben.

Problemlos ist die Bezahlung fast aller Waren und Dienstleistungen mit einer gängigen Kreditkarte (Amex, DC, EC oder Visa) sowie die Barauszahlung über eine Kreditkarte.

Impfungen

Impfungen sind nicht vorgeschrieben, allerdings wird eine **Malariaprophylaxe** empfohlen. Das Büro der WHO in Bangkok bezeichnet das Malariarisiko auf Phuket als gering, ein ortsansässiger Hotelmanager meinte: »Es gibt hier keine Malaria und kein Denguefieber, und wenn doch, dann haben wir eine Klinik im Hotel!« Empfehlenswert ist auch eine Immunisierung gegen **Hepatitis A.**

Internet

Das thailändische Fremdenverkehrsamt ist unter folgender Adresse zu erreichen: **www.thailandtourismus.de.**

www.phuketgazette.com Dies ist das Online-Magazin der Lokalzeitung der Insel »Phuket Gazette«.

www.phuketmagazine.com Das »Greater Phuket Magazine« zeigt herrliche Bilder der Insel und bringt viel Werbung.

www.thaiwaysmagazine.com Der kleine kompetente Führer durch Thailand wird ständig aktualisiert und erscheint mehrfach im Jahr. Neben der Gesamtausgabe, in der auch Phuket vorkommt, gibt es noch eine gesonderte Ausgabe für die Insel.

www.hotel-service.org Auf dieser Website bekommt man interessante Hotelangebote zu günstigen Preisen.

www.nature-travel.org Wer die Natur der Insel und der umliegenden Gebiete kennen lernen möchte, sollte sich auf dieser Seite über Touren informieren.

Kleidung

Legere Sommerkleidung ist überall angemessen. Selbst in den besten Hotels der Insel gibt es keinen »dress code«. Elegante Kleidung gehört nur ins Gepäck, wenn mit formellen Einladungen oder Behördengängen zu rechnen ist. Doch Bade- und Strandbekleidung gehört nur an den Pool oder an den Strand, für Tempelbesuche ist sie höchst unangemessen.

Medizinische Versorgung

Im Krankheitsfall ist die Versorgung preiswert und gut. Je nach Schwere der Erkrankung können Sie zunächst den Arzt aufsuchen, den das Hotelmanagement empfiehlt. Folgende Krankenhäuser genießen einen sehr guten Ruf:

Mission Hospital (Phuket Adventist Hospital)
4/1 Thepkrasattri Rd.; Tel. 0 76/23 72 20-9

Phuket International Hospital
44 Chalerm Prakiat Ror 9 Rd., an der Straße zum Flughafen; Tel. 0 76/24 94 00, Notfall 0 76/21 09 35

Notruf

Polizei Tel. 1 91
Feuerwehr Tel. 1 99
Touristenpolizei Tel. 16 99
Wasserschutzpolizei Tel. 0 76/1 18 83

Post

Postämter haben Mo–Fr von 8.30–12 Uhr und von 13–16 Uhr geöffnet. Postkarten nach Europa müssen derzeit mit 14 Baht frankiert werden,

Standardbriefe mit 21 Baht. Wer Briefmarken nicht bei der Post kauft, zahlt in Läden meist einen Baht pro Marke »Verkaufsgebühr«. Der Gang zur Post ist nicht unbedingt notwendig, da normale Sendungen im Hotel abgegeben werden können. Die **Hauptpost** (General Post Office, GPO) befindet sich in Phuket Town in der Thalang Rd./Ecke Montri Rd.

Reisedokumente

Bürger der Bundesrepublik Deutschland, der Schweiz und Österreichs benötigen für einen Urlaub bis zu 30 Tagen kein Visum. Bei der Einreise wird diese Aufenthaltsdauer automatisch in den Pass, der noch mindestens sechs Monate gültig sein muss, gestempelt. Gelegentlich fragen Beamte auch nach Aus- bzw. Weiterreisetickets und/oder bitten um Vorlage der Geldmittel, mit denen der Aufenthalt finanziert werden soll. Schon im Flugzeug, spätestens aber beim »immigration officer«, müssen Sie eine Ein- und Ausreisekarte ausfüllen. Beide werden gestempelt, die Ausreisekarte bleibt im Pass und wird erst bei Verlassen des Landes eingesammelt.

Wer länger im Land bleiben möchte, muss vor der Einreise ein »**Tourist Visa**« oder »**Non-Immigrant Visa**« beim Konsulat beantragen, die dann 60 oder 90 Tage Gültigkeit haben. Sollten Sie den Termin Ihrer Ausreise überschreiten, wird für jeden »illegal« im Land verbrachten Tag ein Betrag von 200 Baht berechnet.

Kinder können entweder im Pass der Eltern eingetragen werden oder bekommen einen eigenen Reisepass. Der typische Kinderausweis zerfleddert schnell, bietet wenig Platz für Stempel und hat oft eine Diskussion mit den Einreisebeamten zur Folge, die ein solches Dokument meist noch nie gesehen haben.

Ein **internationaler Führerschein** ist notwendig, um Fahrzeuge zu mieten, ein **internationaler Impfausweis** darf nicht fehlen.

Reiseknigge

Jeder Besucher wird in Thailand sofort als solcher identifiziert, schließlich fällt man allein schon optisch auf. So weit, so gut, oder auch nicht, denn damit wird man auch beobachtet, begutachtet und dementsprechend wird man mit Ihnen in Kontakt treten. So unterschiedlich das Aussehen der Thai zu uns ist, so unterschiedlich ist auch ihre Kultur. Grundsätzlich sind Thai trotz aller Ausgelassenheit und Spaß im Alltag zurückhaltende Menschen, die laut polterndes Auftreten der westlichen Besucher, der Langnasen oder »farang«, nicht mögen. Auch wenn es in den Urlaubsorten oft den Anschein hat, als wäre es laut gut, sind dies absolute Ausnahmen.

Grundsätzlich gilt als erste Regel, stets höflich und freundlich zu sein, auch wenn man sich ungerecht oder falsch behandelt fühlt. Dies lässt den Menschen erstens selber das »Gesicht wahren« und gibt auch dem Gegenüber die Möglichkeit dazu. Dies gilt schon bei der Einreise am Immigration Schalter. Hier und in anderen offiziellen Bereichen wird vom Besucher neben dem guten Benehmen auch eine angemessene Kleidung erwartet. Reine Strandbekleidung inklusive dunkel getönter Sonnenbrille ist unhöflich, kann gar als Beleidigung gewertet werden und führt nur zu unnötigen Verzögerungen.

Begrüßt man jemanden, reicht oft ein freundliches Lächeln, persönlicher ist ein leichter Händedruck, versuchen Sie besser nicht den »wai«, es wird Ihnen nur selten gelingen, die Hände entsprechend der gesellschaftlichen Position des Gegenübers zu heben. Füße sind unrein und dürfen deshalb nie auf eine Person zeigen und auf gar keinen Fall auf das Bild von König oder Königin. Abwertend über diese sehr geschätzten Personen zu sprechen ist die höchste Form der Beleidigung und führt zu Strafen!

Betritt man Privathäuser oder Tempel, zieht man die Schuhe aus!

Trifft man hier oder im Alltag einen Mönch, sollte man ihn nie berühren, für Frauen ist dies absolut Tabu! Gerne werden die Mönche aber mit Ihnen reden, getreu der Devise »I want to practise my English!«. Es ist eine nette Geste Ihrerseits, entsprechend mitteilsam zu sein.

Das bei uns übliche Meckern über politische oder gesellschaftliche Situationen wird allerdings in Thailand nur Unverständnis hervorrufen. Ihnen geht es schließlich augenscheinlich gut, denn wie hätten Sie sich sonst die teure Reise leisten können? Ebenfalls Tabu ist der Kopf. Hier sitzt die Seele, und die darf nicht berührt werden, auch nicht bei Kindern! Viele weitere Tipps erhält man im »Reiseknigge Asien« (→ Buchtipps, S. 106).

Reisewetter

Das tropische Klima von Phuket wird durch den Monsun bestimmt. Insgesamt ist es hier ganzjährig warm und feucht. Zwischen Mai und September bringt der Südwestmonsun mehr Regen als der Nordostmonsun, der von November bis April vorherrscht. Besonders im August kann es richtig nass werden, allerdings auch dann meist nur stundenweise. Vorsicht ist zu dieser Zeit beim Baden im Meer geboten, denn der Monsun bedingt oft gefährliche Unterwasserströmungen. Besonders warm ist die Zeit des europäischen Winters, mit Spitzentemperaturen (über 33 °C) im März. Machen Sie Ihre Reise aber nicht unbedingt vom Wetter, sondern besser von den Besucherzahlen abhängig: Zwischen November und Ostern ist die Insel sehr überlaufen, während der folgenden »Regenzeit« bleibt viel mehr Raum für Muße.

Sprache

Offizielle Sprache ist Thai. Fast überall wird aber Englisch gesprochen, in vielen Restaurants gibt es sogar deutsche Speisekarten. Das mag selbst derjenige schätzen lernen, der versucht, ein paar Worte Thai zu lernen. Die Schwierigkeiten beginnen schon bei der Aussprache, von den thailändischen Schriftzeichen ganz zu schweigen. Die Worte verändern ihre Bedeutung oft mit der Betonung, und je nach Geschlecht des Sprechers enden Worte mit »kha« (wenn eine Frau spricht) oder »krap« (wenn ein Mann spricht). Wenn Sie es trotzdem mit

Selbst kleine Reiseagenturen bieten einen umfassenden Service an: Vom Heimflug bis zum Bootstrip kann der Urlauber fast alles buchen.

Hauptsache es macht Spaß: Balanceakt auf dem Moped.

Thai aufnehmen wollen, wird man Ihre Bemühungen wohlwollend anerkennen.

Einige Begriffe:
sawatdee krap (kha): Herzlich willkommen
sabai dee reu krap (kha): Wie geht's?
sabai dee krap (kha): Sehr gut!
kaup khun krap (kha): Danke!
kaw toord: Entschuldigung
khun cheu arai?: Wie heißen Sie?
phom (weiblich: *chan) cheu:* Mein Name ist ...
kowjai mai?: Verstehen Sie?
kowjai: Ich verstehe
mai kowjai: Ich verstehe nicht
pood Thai mai dai: Ich spreche kein Thai
mai pen rai: Das macht nichts
ow: Ich möchte
mai ow krap (kha): Ich möchte nicht
yoo tee nai?: Wo ist ...?
kaw ... duay krap (kha): Bringen Sie mir ...

Stromspannung

Die Spannung beträgt 220 Volt, 50 Hz. Flachstecker bereiten fast nirgends Probleme. Adapter gibt es in vielen Hotels.

Telefon

Von internationalen Münzfernsprechern, Privatanschlüssen und aus Hotels kann problemlos telefoniert werden. Nur bei Postämtern muss eine Voranmeldung erfolgen. Bei öffentlichen Münztelefonen muss zur Gesprächsfreigabe ein Knopf gedrückt werden, nachdem sich der Gesprächspartner gemeldet hat. Rechnen Sie für Ortsgespräche etwa 2 Baht, für Überseegespräche etwa 60 Baht pro Minute.

Handys, die dem GSM-Standard entsprechen, können in Thailand seit Beginn des Jahres 1998 genutzt werden. Allerdings können sich im hügeligen Gebiet oder in der Phang-Nga-Bucht Probleme ergeben.

Vorwahlen
Phuket → D 00149
Phuket → A 00143
Phuket → CH 00141
D, A, CH → Phuket 006676

Trinkgeld

In Hotels und Restaurants sind Trinkgelder oft mit 10% »service charge« im Rechnungsbetrag enthalten. Bei Taxis sind Trinkgelder unüblich.

Verkehrsverbindungen

Mietwagen

Wenn Sie nicht nur am Strand liegen möchten und Ihnen Wartezeiten bei den öffentlichen Transportmitteln ein Gräuel sind, sollten Sie sich ein Auto mieten. Gut ausgebaute Straßen und überschwängliche Urlaubsstimmung erleichtern offenkundig diese Entscheidung. Pflicht ist der **internationale Führerschein**, ratsam eine **Kreditkarte**, die einem die hohen Kautionskosten erspart. Die Wagen müssen haftpflichtversichert sein, eine zusätzliche **CDW** (»collision damage waiver«) beschränkt die Haftung des Fahrers.

Neben den internationalen Agenturen, die sich ihren guten Service sehr teuer bezahlen lassen (Vorbuchungen aus Deutschland sind bis zu 30% billiger!), gibt es nahezu an jedem Strand lokale Anbieter, deren Zuverlässigkeit aber nicht immer den europäischen Anforderungen entspricht. Mietwagen über das Hotel zu buchen ist möglich, aber teurer.

National Car Rental
Tel. 0 76/32 83 88
(gegenüber dem Flughafen)

Hertz
Tel. 09 90 99 66 99
(im Flughafen)

Pure Car Rent
→ Umschlagkarte hinten, b/c 3
Zuverlässiger Service (z.B. Transfer vom/zum Hotel) und recht günstige Preise (ab 700 Baht/Tag).
75 Rasada Rd., Phuket Town;
Tel. 0 76/21 10 02; www.purecarrent.com

Phuket Car Rent & Travel Co.
→ S. 116, D 3
Gute Fahrzeuge zu günstigen Tarifen.
23/3 Moo 1, Sakhu; Tel. 0 76/20 51 91;
www.phuketcarrent.com

Verhalten im Straßenverkehr

In Thailand gilt **Linksverkehr**. Straßenschilder tragen die uns bekannten Symbole, sind allerdings fast ausschließlich in Thai beschriftet. Eine gute Straßenkarte ist unerlässlich! Gefahren wird oft so, »als habe man noch ein zusätzliches Leben im Kofferraum«, wie es ein auf Phuket lebender Hotelmanager ausdrückte. Die Unfallstatistik gibt ihm Recht: Fast jeden Tag ist hier ein Verkehrstoter zu beklagen.

Eine Anschnallpflicht existiert, eine Promillegrenze nicht, allerdings setzt das Gesetz Fahrtüchtigkeit voraus. Der Gurt dient der eigenen Sicherheit und wird selten überprüft.

Die Hupe machen deutlich: »Hier komme ich! Platz da!!!« An Kreuzungen wird von geradeaus fahrenden Fahrzeugen oft die Warnblinkanlage eingeschaltet, da man der hiesigen Logik folgend weder rechts noch links abbiegt. Achtung: Nur Busse müssen ein Warndreieck mitführen. Kommt es bei anderen Fahrzeugen zur Panne, signalisiert man dies mit einem auf der Straße liegenden Ast! Dies kann v.a. vor Kuppen und Kurven tückisch werden!

Tanken

An allen größeren Ausfallstraßen sowie im Bereich der größeren Strandorte gibt es mehr oder weniger moderne Tankstellen. Es reicht, wenn Sie dort statt einer Literzahl nur den Betrag angeben, für den Sie Benzin möchten. Ein Liter Benzin kostet zurzeit etwa 12,50 Baht. Handpumpen, mit denen das Benzin aus Fässern gezapft wird, sind auf dem Festland häufig, auf Phuket kaum mehr zu finden.

Motorräder

Preiswerter als Autos sind Motorräder, die meist in der Klasse von etwa 80–100 ccm (etwa 150 Baht/Tag), gelegentlich auch als Enduro mit 125 ccm und mehr (etwa 300 Baht/Tag) oder »big bike« ab 250 ccm (bis 800 Baht/Tag) angeboten werden. Unerfahrenen Motorradfahrern ist angesichts der Straßen- und Verkehrsverhältnisse abzuraten.

Öffentliche Verkehrsmittel

Über den Verkehrsknotenpunkt Phuket Town sind fast alle erschlossenen Strände der Insel erreichbar. Fahrba-
10 rer Untersatz ist das »songthaew«, eine Art LKW mit umgebauter Ladefläche, auf der sich Sitzbänke befinden. Je nach Strecke werden für eine einfache Fahrt zwischen 15 und 30 Baht berechnet. Allerdings müssen Sie meist über Phuket Town fahren.

Taxis und Tuk-Tuks

In Phuket Town und Patong bieten Fahrer von »tuk-tuks« ihre Dienste an. Der Preis sollte vor Fahrtantritt ausgehandelt werden. Je nach Entfernung muss man mit 100 bis 300 Baht rechnen. Ähnliche Preise gelten für **Taxis**. Meist sind es Privatfahrzeuge, die zwischen Flughafen und Stränden eingesetzt werden. Am Flughafen bezahlen Sie am zentralen Taxischalter in der Ankunftshalle einen Festpreis.

Wirtschaft

Wichtigster Wirtschaftszweig der Insel ist der Tourismus. Leider geht damit auch eine zunehmende Ausbeutung der Natur einher, denn stetig steigt der Flächenbedarf für Hotelneubauten und Freizeiteinrichtungen. Kehrseite dieser Wirtschaftsentwicklung ist zudem die Ausbeutung von Menschen, vor allem im Rotlichtmilieu.

Weitere wichtige Einnahmequellen sind der Anbau von Kokos und Ananas sowie die Erzeugung von Kautschuk. Fischfang und neuerdings die Zucht von Garnelen dienen oft wieder der Tourismusbranche. Zinn hat infolge stark gesunkener Weltmarktpreise keine Bedeutung mehr.

Zeitungen

Englischsprachig und gut sind »The Nation« und die »Bangkok Post«. Über internationales Geschehen informiert die »International Herald Tribune«. Aktuellste Informationen liefert das monatlich erscheinende »The Greater Phuket Magazine«, ein Hochglanzheft, das man in Hotels bekommt. Ebenfalls monatlich erscheint die informative »Phuket Gazette« und die deutschsprachige »Phuket aktuell«.

Zeitverschiebung

Je nach Jahreszeit beträgt die Zeitverschiebung + 6 Stunden (im Winter) bzw. + 5 Stunden (im Sommer) gegenüber der MEZ.

Zoll

Bei der **Einreise** muss man eine Zollerklärung abgeben, auf der man vermerkt, ob man Geschenke einführen möchte, die einen bestimmten Wert übersteigen. Außerdem darf man nur 1 l Spirituosen, 200 Zigaretten und Parfüm für den persönlichen Gebrauch einführen. Beschränkt ist (zumindest offiziell) auch die Einfuhr von Foto- und Videokameras (maximal eine pro Person) sowie Filmen (maximal fünf pro Person).

Bei der **Ausreise** (→ Einkaufen, S. 19) benötigt man ein Zertifikat des Fine Arts Department aus Bangkok, wenn man Buddhastatuen oder Antiquitäten ausführen möchte. Tiere, die im Washingtoner Artenschutzabkommen aufgelistet sind, dürfen nicht ausgeführt werden.

Manchmal werden Drogen in fremdes Gepäck geschmuggelt. Schließen Sie Ihre Koffer daher immer ab, und überbringen Sie keine Päckchen für jemand anderen!

Weitere Auskünfte unter www.zoll.de, www.bmf.gv.at/zoll und www.zoll.ch.

Kartenatlas

Orientierung leicht gemacht: mit Planquadraten und allen Orten und Sehenswürdigkeiten.

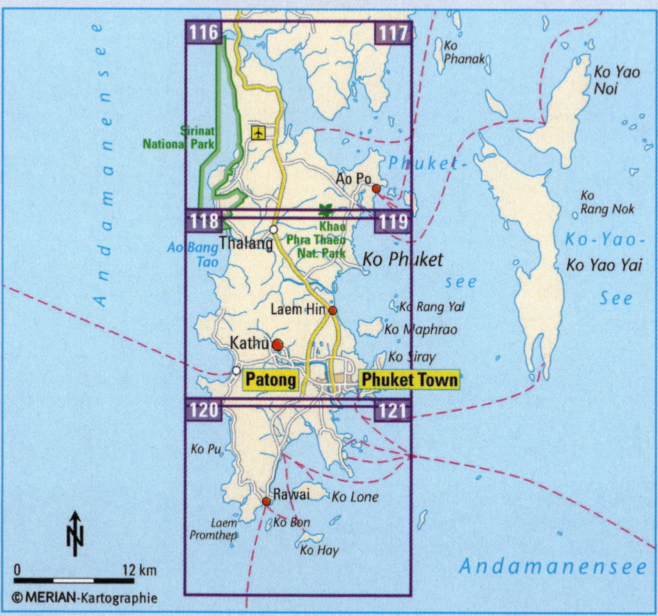

Legende

Routen und Touren

- Unbekanntes Phuket (S. 90)
- Ao Phang Nga (S. 92)
- Nach Ko Phi Phi (S. 93)

Sehenswürdigkeiten

- MERIAN-TopTen
- MERIAN-Tipp
- Sehenswürdigkeit, öffentl. Gebäude
- Sehenswürdigkeit Kultur
- Sehenswürdigkeit Natur
- Kirche
- Moschee
- Tempel
- Buddhistischer Tempel
- Museum

Sehenswürdigkeiten ff.

- Denkmal
- Leuchtturm
- Höhle

Verkehr

- Autobahn
- Autobahnähnliche Straße
- Fernverkehrsstraße
- Hauptstraße
- Nebenstraße
- Unbefestigte Straße, Weg
- Fußgängerzone
- Busbahnhof
- Flughafen

Sonstiges

- Information
- Markt
- Golf
- Strand
- Aussichtspunkt
- Muslimischer Friedhof
- National-, Naturpark
- Nationalpark

A
B
C
1
2
3
4
Tha Nun
Tha Yai
Klong Nai Yong
Tha Taling Chan
Tha Nun Beach
Tha Chat Chai
Klong Tha Nun
Ko Raet
Laem Hin
Ao To Nor
Laem Hin
Klong Ban Yit
Suan Maphrao
Yit
Kho Aien
Laem Klong Len
Ao Tu Khun
Ao To Khun
Khao Kho En
202
Sirinath Marine National Park
Khao Ban Bang Duk
267
Klong Suan Maphrao
Mai Khao
Mai Khao Beach
Mak Prok
Phuket Int. Airport
Khao Bo Sai
Klong Tha Maphrao
National Park Headquarters
Khao Na Ban
Nai Yang Beach
Ao Thung Nung
Muang Mai
Laem Sai
Sakhu
Laem Sai Khru
Khao Ta Kliang
228
Khao Sai Khru
335
Nai Thon
Khao Muang
307
Nai Thon Beach
Klong Riang
Nai Thon Noi Beach
Sirinath Marine National Park
Hinkuay Beach
Wat Phra Thong
Klong Thalang
Laem Son
Memorial Van »Heroines«
Kanaen
Laem To
156
Klong Ton Sai
Ko Waeo
Ko Tha
Thalang
Cultural Village
Wat Phra Nang Sang
Ao Le Phang
Bang Don
Ya
5

118

D
E
F
1
2
3
4
Thong Lang
Klong Sai
Klong Ti Te
Mai
Ti Te
Ko Phrao
Klong Khian
Klong Sai
Ton
Mamuang
251
Klong Chao Khrua
Ko Klang
Chao
Khrua
Bang
Chan
Ao
Som
Ko Phak Wan
152
Laem
Sam
Laem
Chao Khura
Laem Som
Ko Phae
Ko Lawa Yai
Laem Sam
Laem Sai
111
Ko Pa Yu
Ko Ngam
Laem Kat
Ko He
Ko Thanan
Ao Kung
Khao Sam Laem
208
Phara
Ao Kung
Laem Yang
Ao Po
Ko Nakha Yai
Khao Phara
450
Klong Ao Kung
Ao Po
Ko Raet
82
Bang
Rong
Klong
Bang Rong
448
Gibbon
Rehabilitation
Centre
Khao
Bang Pae
Ko Nakha
Yai
Bang Pae
Waterfall
Klong Bang Pae
Laem Ao Po
Nakha Pearl
Farm
Ko Nakha Noi
Khao Prathiu
366
Pa
Khlok
Ao
Bang Rong
Klong Pak Lok
119
0
2,1 km
N
© MERIAN-Kartographie

A
B
C
116
Nai Thon Beach
Nai Thon
Khao Muang
307
Nai Thon Noi Beach
Sirinath Marine National Park
Hinkuay Beach
Laem Son
Laem To
Ko Waeo
Ko Tha
Klong Riang
Wat Phra Thong
Klong Thalang
Memorial Van »Heroines«
156
Thalang
Kanae
Klong Ton
Wat Phra Nang Sang
Cultural Village
Wat Thepkrasattri
Ao Le Phang
Klong Kala
Bang Don
Ya
Klong Phang
Phasak
Bang Tao Beach
Ao Bang Tao
Laem Son
Choeng Thale
Bang Cho
Klong Bang Cho
Ma Nik
Pansea Beach
Bang Tao
Wat Anamai Kasem
Surin Beach
Laem Mai Phai
Laem Sing Beach
Khao Ket Ni
503
Ao Kamala
Fanta Sea Park
Kamala Beach
Hua Khuan
Kamala
Khao Bang Nieo Dam
476
357
Laem Son
Kok Yang
Kathu Waterfall
Khao Pak Bang
303
Laem Thai Phao
Klong Ket Ho
Khuan Wa
527
Kathu
Laem Yom Ding
Nacha Beach
Laem Daeng
Kalim Beach
Ao Patong
Tung Toong
Patong Beach
Laem Ko Sai Rot
Patong
Bang Wad Dam
136
Khao Mai Thao Sip Song
529
Khao 297
247
Laem Mai Ngang
Klong Kata
Relax Bay (Karon Noi)
120
446
5
6
7
8

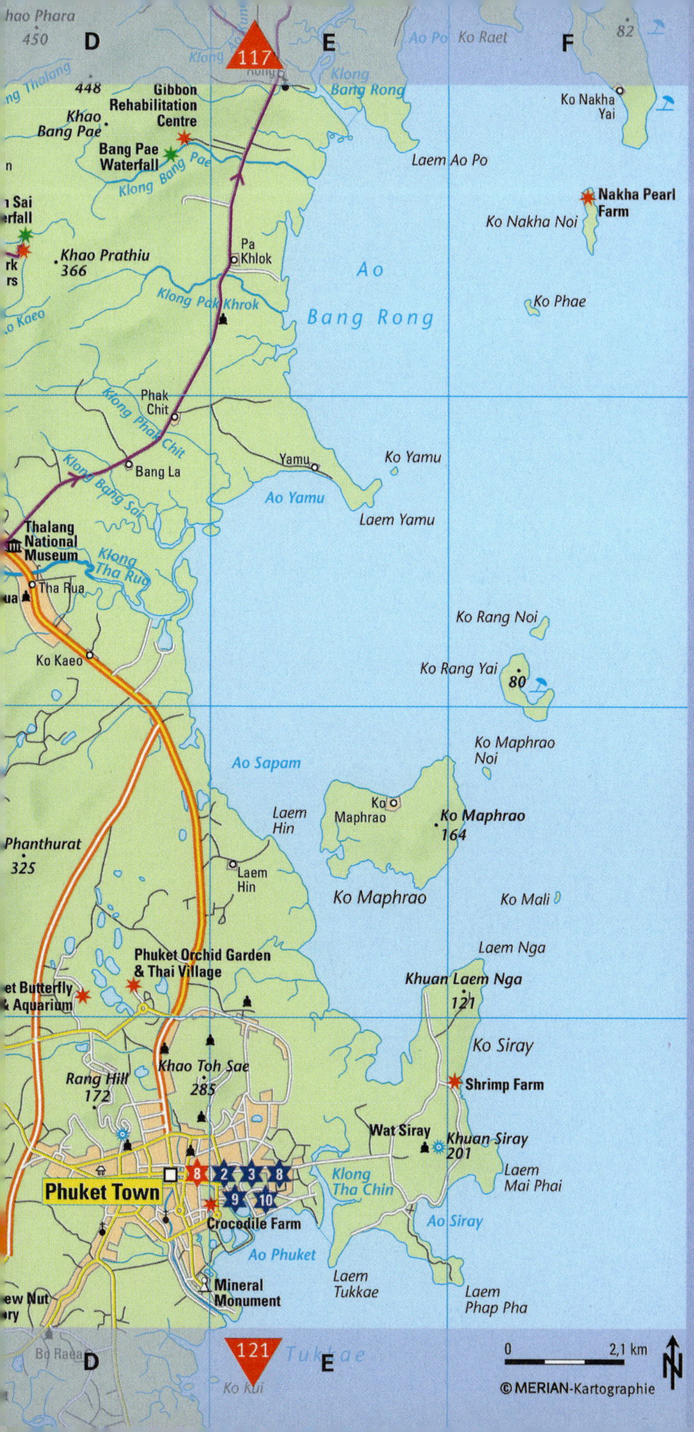
D
E
F
117
121
5
6
7
8
Ao Po
Ko Raet
82
Klong Bang Rong
Gibbon Rehabilitation Centre
Khao Bang Pae
448
Bang Pae Waterfall
Klong Bang Pae
Ko Nakha Yai
Laem Ao Po
Nakha Pearl Farm
Ko Nakha Noi
Khao Prathiu 366
Pa Khlok
Ao Bang Rong
Klong Pak Khrok
Ko Phae
Phak Chit
Klong Phak Chit
Yamu
Ko Yamu
Bang La
Klong Bang Sai
Ao Yamu
Laem Yamu
Thalang National Museum
Klong Tha Rua
Tha Rua
Ko Rang Noi
Ko Kaeo
Ko Rang Yai
80
Ko Maphrao Noi
Ao Sapam
Laem Hin
Ko Maphrao
Ko Maphrao 164
Phanthurat 325
Laem Hin
Ko Maphrao
Ko Mali
Laem Nga
Phuket Orchid Garden & Thai Village
Khuan Laem Nga 121
Ko Siray
Khao Toh Sae 285
Rang Hill 172
Shrimp Farm
Wat Siray
Khuan Siray 201
Laem Mai Phai
Phuket Town
Klong Tha Chin
Crocodile Farm
Ao Siray
Ao Phuket
Mineral Monument
Laem Tukkae
Laem Phap Pha
Ko Kui
0
2,1 km
N
© MERIAN-Kartographie

A
B
C
Patong
Patong Beach
Patong
118
Tung Toong
Laem Ko Sai Rot
136
Khao Mai Thao Sip Song
529
Bang Wad Dam
Khao 297
247
Laem Mai Ngang
Klong Kata
Relax Bay (Karon Noi)
Khao Krabok
446
Na Kok
Karon Beach
Elephant Garden
Wat Chalong
Ao Karon
Khao Sai Maen
350
Karon
Khok Sai
Khao Tut
385
Laem Sai
Chalong
Ko Pu
Bang Khothi
Kata Yai Beach
Kata
Khao Phlu Ruan
317
Kata Noi Beach
Sai Yuan I
Phuket Seashell Museum
Laem Mum Nai
127
Sai Yuan II
Khuan Khiri Manun
306
Laem Ka
Laem Mum Nok
Rawai
Ao Sane Beach
Nai Harn Beach
Ao Rawai
Nai Harn Noi Beach
Ko Man
Laem Mai Phai
Laem Promthep
Ko Bon
Laem Kho Chao
Andam
9
10
11
12

D
E
F
119
Kung Thi
172
285
Shrimp Farm
Wat Siray
Khuan Siray
201
Phuket Town
8
2
3
8
9
10
Crocodile Farm
Klong
Tha Chin
Laem
Mai Phai
Ao Siray
Ao Phuket
Mineral
Monument
Laem
Tukkae
Laem
Phap Pha
shew Nut
tory
Bo Raea
Ao Tukkae
Ko Kui
ket
Klong
Chalong
Laem
Nam Bo
Ao Nam Bo
Ko Taphao
Noi
Khao Bo Rae
172
Ao
Makham
Ko Taphao
Yai
Laem Panwa
halong
Laem
Khao Kat
4
Ko Thanan
Aquarium & Marine
Biological Research Centre
Laem
Panwa
Ko Lone
Khao Ko Lone
266
Ko Lone
116
Ko Aeo
Ko Hay
194
ensee
9
10
11
12
D
E
0
2,1 km
N

Zeichenerklärung
❍ Orte
∆ Kap, Insel
▲ Berg
~ Gewässer, Strand
★ Sehenswürdigkeit

Hier finden Sie alphabetisch aufgeführt alle in diesem Band beschriebenen Orte und Ziele, Routen und Touren. Bei Sehenswürdigkeiten steht jeweils der dazugehörige Ort in Klammern, bei Hotels steht zusätzlich die Abkürzung H für Hotel. Außerdem enthält das Register wichtige Stichworte sowie sämtliche MERIAN-Tipps und MERIAN-TopTen dieses Reiseführers. Wird ein Begriff mehrfach aufgeführt, verweist die **fett** gedruckte Zahl auf die Hauptnennung, eine *kursive* Zahl verweist auf ein Foto.

Liebe Leserinnen und Leser,
wir freuen uns, Ihre Meinung zu diesem Reiseführer zu erfahren. Bitte schreiben Sie uns, wenn Sie Berichtigungen und Ergänzungsvorschläge haben oder wenn Ihnen etwas besonders gut gefällt:

TRAVEL HOUSE MEDIA GmbH, Postfach 86 03 66, 81630 München
E-Mail: merian-live@travel-house-media.de; Internet: www.merian.de

Die Autoren

Diesen Reiseführer schrieben **Klaudia** und **Eberhard Homann.** Sie bereisen seit mehr als 20 Jahren Asien, Amerika und Europa. Zahlreiche Reisehandbücher und Reportagen sind das Ergebnis ihrer Recherchen. Die Insel Phuket fasziniert sie besonders, weil hier neben herrlichen Urlaubsangeboten auch noch die Begegnung mit der Natur möglich ist.

Bei Interesse an Karten aus MERIAN-Reiseführern wenden Sie sich bitte an:
iPUBLISH GmbH, geomatics
E-Mail: geomatics@ipublish.de

Bei Interesse an Anzeigenschaltung wenden Sie sich bitte an:
KV Kommunalverlag GmbH & Co KG
MediaCenterMünchen
Tel. 0 89 – 92 80 96 – 44
E-Mail: kramer@kommunal-verlag.de

Fotos

Titelbild: Ko Leh, Coral Island (P. Spierenburg); alle übrigen Fotos Holzner & Lengnick außer: Banyan Tree Hotels & Resorts 40; Delano/laif 18; Hilton Hotels 65; E. Homann 28, 30; Kirchgessner/laif 21; K. Kreder/look 96/97; Le Méridien Hotels & Resorts 12, 66; B. Limberger/look 10/11; H. Mielke 22; Modrow/laif 32; Phuket Butterfly Garden & Insect World 33; Sasse/laif 17; R. Schmid/Huber 50, 56; G. Simeone/Huber 9, 24, 46; T. Stankiewicz 82; Tueremis/laif 7, 34/35; K. Wothe/look 93

Alle Angaben in diesem Reiseführer sind gewissenhaft geprüft. Preise, Öffnungszeiten usw. können sich aber schnell ändern. Für eventuelle Fehler übernimmt der Verlag keine Haftung.

Programmleitung
Dr. Stefan Rieß
Redaktion
Simone Schmidt
Satz und Lektorat
Maja Mayer für bookwise, München
Gestaltung
wieschendorf.design, Berlin
MERIAN-Quiz
Verónica Reisenegger (Konzept und Idee)
Karten
MERIAN-Kartographie
Druck
Appl, Wemding
Bindung
Auer, Donauwörth
Gedruckt auf
Eurobulk Papier von der Papier Union

1. Auflage

TRAVEL HOUSE MEDIA

Ein Unternehmen der
GANSKE VERLAGSGRUPPE

Phuket

MERIAN-Tipps

Tipps und Empfehlungen für Kenner und Individualisten

1. **Amanpuri Resort am Pansea Beach**
Wer einmal wie internationale Stars wohnen möchte, findet hier am ruhigen Pansea Beach die beste Adresse (→ S. 13).

2. **Souvenirs & Co.**
An der Tilok Uthit 1 Road in Phuket Town kann man viel entspannter Souvenirs kaufen als an Patongs Stränden (→ S. 19).

3. **Vegetarisches Festival**
Exotisch geht es bei dem Fest zu, das ausgiebig in Phuket Town gefeiert wird (→ S. 23).

4. **Pirates Cove in Patong**
Vor allem die kleinen Besucher schätzen die Parcours dieser Minigolfanlage abseits des Strandlebens (→ S. 33).

5. **Banyan Tree Phuket**
Gönnen Sie sich ein paar Stunden in Asiens größtem orientalischen Garten Spa (→ S. 41).

6. **Ausritte zwischen Meer und Wald**
Ausritte bieten sich vom Phuket Laguna Riding Club aus an. So erlebt man die Insel von einer ganz anderen Seite (→ S. 45).

7. **Restaurant Lai Mai**
Thailändische und westliche Gerichte werden hier sehr appetitlich zubereitet (→ S. 54).

8. **Restaurant Kajok-See**
Einen Besuch in diesem bei Feinschmeckern bekannten Restaurant sollte man unbedingt einplanen (→ S. 83).

9. **Einkaufen bei Sin & Lee**
Hunger auf europäische Kost kann bei Sin & Lee in Phuket Town gestillt werden. Die andere Art des Shopping (→ S. 85).

10. **Jeep-Touren**
Die Insel auf eigene Faust erforschen: South Orchid Travel bietet Tourenvorschläge (→ S. 86).

⇠ MERIAN-TopTen
finden Sie auf Seite 1